José Manuel
Vega Báez

LIDERAZGO

MUNDIALISTA

2 0 1 8

SERIE CIMA

Liderazgo de Alto Nivel

LIDERAZGO MUNDIALISTA 2018

Primera edición: julio 2018

D.R. José Manuel Vega Báez 2018

Ocote 52 Col. Huayatla 10360

Magdalena Contreras, Ciudad de México

www.seriecima.com

info@seriecima.com

Diseño gráfico: BUUK

www.buuk.mx

Dedico esta obra a los apasionados en construir y liderar equipos de alto desempeño en cualquier "terreno de juego".

AGRADECIMIENTOS

Arturo Acosta, Benjamín Garza, Carmina Aguirre, Cecy Salazar, Daniel Revilla, David Báez, Dinorah Vásquez, Fer Arguijo, Fide Luna, Francisco Báez, Fred Rojas, Gabriel Briseño, Héctor Merlos, Isabel González, Jesús Vega, Jorge Cebrián, Juan Vega, Juan Carlos Gutiérrez, Laura Vázquez, Lety Domínguez, Lucero Martínez, Luis Vega, Lulú Reyes, Majo Vega, Manuel Vega, Marco Vega, Maricarmen Huerta, Martha Vega, Mayra Rico, Mel Orozco, Nalle Guerra, Oliverio Fernández, Pablo Báez, Paty Cebrián, Rebe Trujillo, Richie Fabián, Ricky Vega, Salvador Báez, Sejo Vega, Sharon Velásquez, Ticha Vega.

INDICE

Prólogo: ¿Futbol y liderazgo?

Capítulo 1: El tiempo de Rusia 2018

Capítulo 2: Análisis previo al inicio de la fase de grupos

Capítulo 3: Lecciones de la primera ronda de la fase de grupos

Capítulo 4: Lecciones de la segunda ronda de la fase de grupos

Capítulo 5: Lecciones de la conclusión de la fase de grupos

Capítulo 6: Lecciones de los octavos de final

Capítulo 7: Lecciones de los cuartos de final

Capítulo 8: Lecciones de las semifinales

Capítulo 9: Lecciones del juego por el tercer lugar

Capítulo 10: Lecciones de la gran final

Epílogo: ¿Liderazgo y futbol?

Sobre el Autor

Prólogo – ¿Futbol y liderazgo?

Bienvenido a esta original experiencia formativa que tiene por objetivo conocer, comprender y aplicar las claves de liderazgo que utilizan los Directores Técnicos de futbol más exitosos, a partir del seguimiento de sus aciertos y errores a lo largo de la Copa Mundial de Rusia 2018.

Y te aseguro que después de leer este libro jamás volverás a ver el futbol de la misma manera...

Toda mi vida he sido aficionado a los deportes, he practicado varios de ellos y reconozco las bondades formativas del entrenamiento constante, sin embargo, fue hasta hace algunos lustros en que comencé a profundizar en el estudio del liderazgo cuando me percaté de lo mucho que podemos aprender del tema a través de los deportes de conjunto.

De hecho, uno de mis libros más leídos[1] se basa en el análisis del desempeño del equipo de ciclismo español

---

[1] Vega Báez, José Manuel (2002). Rumbo a la Cima. México, Ediciones Selectas Diamante.

Kelme-Costa Blanca en el Tour de Francia 2001 bajo la dirección de Vicente Belda y desde el inicio se afirma que el verdadero liderazgo puede ser observado de manera nítida en tres ámbitos: la guerra, la expresión artística grupal y el deporte en equipo; y se explica: "Un general jamás tomará el lugar de un soldado y disparará su arma, un director de orquesta jamás se sentará en el asiento de alguno de sus músicos para tocar su instrumento, así como un entrenador de futbol jamás entrará a la cancha y pateará el balón por sus jugadores."

Teniendo este año la oportunidad de aprender más del tema a través de la Copa Mundial de Futbol, en **SERIE CIMA** diseñamos un Seminario de Actualidad por Internet denominado "Liderazgo Mundialista 2018", en el que se fueron develando las claves de liderazgo que utilizaron los Directores Técnicos de futbol más exitosos; y este libro es resultado del Seminario, en el que se recopilan las principales enseñanzas a partir de sus aciertos y errores.

Pero eso no es todo, ya que al final de cada capítulo encontrarás una serie de **Reflexiones Personales** que te ayudarán a aterrizar en tu realidad concreta los conceptos que perfeccionarán tu liderazgo.

¡Ánimo y ACCIÓN!

Permanezcamos en contacto vía
Twitter, Linkedin, Facebook o Amazon.

Dr. José Manuel Vega Báez

info@seriecima.com

www.seriecima.com

Capítulo 1 – El tiempo de Rusia 2018

La Copa del Mundo de Rusia 2018 congregará a 32 selecciones nacionales que se disputarán la supremacía del deporte más popular de todo el planeta, después de haber sorteado con éxito sus respectivos procesos eliminatorios en los que participaron las 211 federaciones afiliadas a la *Fédération Internationale de Football Association* (FIFA)[2].

Como el futbol es un deporte de conjunto, no cabe duda que seremos testigos de una de las manifestaciones más elocuentes del ejercicio del liderazgo; por eso resultará muy oportuno analizar y aprender de esa justa deportiva, con la intención de incorporar las mejores prácticas a nuestro quehacer cotidiano al frente de nuestros colaboradores.

---

[2] Todos los datos, ilustraciones y declaraciones que se presentarán a lo largo del libro fueron consultados en www.fifa.com

[3] Vega Báez, José Manuel (2002). Rumbo a la Cima. México, Ediciones Selectas Diamante.

Ya desde hace tiempo hemos mencionado que el Liderazgo Integral consta de tres conjuntos de principios[3]:

- Los principios relativos a la conformación del equipo, esenciales para comprender el camino a seguir e identificar al equipo con su meta.
- Los principios relativos a la conducción del equipo, útiles para facilitar el desempeño de un equipo que busca alcanzar una meta.
- Los principios relativos al contenido del líder, que son propios del individuo, constituyen su activo y determinan su potencial.

En este libro nos basaremos en ellos, con la particularidad de que consideraremos la conformación del equipo de manera unitaria y como una labor que se desarrolló fundamentalmente antes del Mundial; durante el proceso eliminatorio que concluyó el año pasado. La conducción del equipo ocupará el centro de nuestra atención ya que se manifestará a todo lo largo del torneo y se dividirá en diferentes elementos cuya profundización constituirá la principal aportación de este libro, remarcando en algunos momentos el contenido del líder, a partir de sus declaraciones, decisiones y acciones.

Comencemos enunciando los pasos incontrovertibles del proceso de conformación de un equipo mundialista que podemos comprobar de manera fehaciente revisando la historia reciente de este deporte:

a) Para ganar la Copa del Mundo se necesita mucho más que tener buenos jugadores; el talento individual es solo el punto de partida.
b) Una vez contando con futbolistas capaces, es preciso incorporarlos a un sistema de juego en equipo.

c) Cuando el equipo se ha acoplado y es capaz de trabajar en conjunto, debe diseñarse una estrategia de juego en función del adversario.

d) La instrumentación de la estrategia requiere una retroalimentación oportuna y llena de vigor.

e) Finalmente, para maximizar las posibilidades de alcanzar el éxito, es indispensable dominar el manejo de expectativas.

Y precisamente estos cinco pasos de la conformación son parte de la responsabilidad primaria del Director Técnico de una selección nacional que, cuando comete pifias graves en cualquiera de ellos propicia el fracaso de su equipo.

Por ejemplo, puede equivocarse al convocar a jugadores inadecuados, puede fallar en construir el juego de conjunto, puede errar en el diseño de la estrategia, puede llevar a cabo una retroalimentación defectuosa y poco motivante, o bien puede manejar inadecuadamente las expectativas. En cualquier caso, el descalabro del equipo será solo cuestión de tiempo.

Entonces debe resultarnos evidente que, aunque las cámaras de televisión concentrarán su atención en el desempeño de los futbolistas, lo realmente decisivo para alzarse con el triunfo en un torneo de balompié de clase mundial es la labor que desarrollan los Directores Técnicos; de ahí nuestro interés en observarlos de cerca y aprender de ellos, tomando en cuenta que con el hecho de participar en la Copa del Mundo de Rusia 2018 demostraron una adecuada resolución de la conformación de sus equipos, lo que les permitió clasificarse.

El caso es que para el tiempo de Rusia: 14 de junio de 2018 todo estará dispuesto para el inicio de la vigésima primera Copa Mundial de Futbol, con 32 selecciones nacionales y sus Directores Técnicos, cada uno de los cuales completó el proceso de conformación de su equipo:

- a) Elección del talento individual de 23 jugadores y cuerpo de apoyo.
- b) Concentración y entrenamientos propiciando el juego en equipo.
- c) Partidos amistosos ensayando distintas estrategias de juego.
- d) Partidos eliminatorios aplicando la retroalimentación oportuna.
- e) Exposición a los medios afinando el manejo de expectativas.

Y si bien este proceso sucede en el orden anteriormente establecido cuando se conforma un equipo, por lo general se invierte al momento de la conducción del mismo, razón por la cual comenzaremos nuestro análisis sobre el desempeño de los Directores Técnicos con el tema de las expectativas, mismo que iremos enriqueciendo de manera gradual al incorporar el resto de los elementos.

Considerando, como ya mencionamos, que al estar presentes en Rusia 2018 los 32 Directores Técnicos resolvieron con éxito el proceso de conformación de sus escuadras —comparados con los 179 equipos que no clasificaron—, pero al mismo tiempo, tomando en cuenta que no todas las selecciones avanzarán hasta la conclusión del torneo, podemos enunciar una **primera Lección de Liderazgo Mundialista:**

> La correcta conformación de un equipo no garantiza el éxito, pero su conformación defectuosa invariablemente conduce al caos.

Reflexiones personales sobre el tema de conformación de equipo

1. ¿Qué tanto me involucro en el proceso de atracción de talento para mi equipo?
2. ¿Llevo a cabo con mi equipo actividades extras que faciliten la convivencia y promuevan el trabajo en conjunto?
3. ¿Soy capaz de diseñar diferentes estrategias de acuerdo a las distintas situaciones problemáticas que enfrente mi equipo?
4. ¿Qué tan rápido me doy cuenta de alguna desviación en los planes de mi equipo y tomo las medidas correctivas pertinentes?
5. ¿Cuál es la expectativa que se tiene sobre el desempeño de mi equipo?

Capítulo 2 – Análisis previo al inicio de la fase de grupos

En 1961 la Rockaway District Office de la Metropolitan Life Insurance Company hizo un experimento: asignó a sus seis mejores agentes de ventas para trabajar con su mejor gerente, a otros seis agentes de nivel promedio para trabajar con su gerente promedio y a los restantes agentes de bajo rendimiento para trabajar con su gerente menos apto.

El resultado fue narrado así por el gerente general: "Poco después de esta asignación, la primera unidad de vendedores comenzó a conocerse como el Súper Equipo y sus esfuerzos de ventas después de tan solo 12 semanas superaron nuestras expectativas más optimistas, originando un incremento del 40% en los números de la empresa."

La productividad del Súper Equipo siguió mejorando en forma espectacular, mientras que la productividad del personal de la unidad más baja declinó y aumentaron las deserciones.

Sin embargo, la unidad promedio en vez de tener una actuación promedio, aumentó cada año consistentemente su productividad en un porcentaje mayor que la del Súper Equipo, aunque nunca alcanzó su volumen de ventas. La razón de este resultado inesperado se debió a que el gerente de la unidad promedio se negó a aceptar que él y sus agentes de ventas tuvieran menos capacidad que los agentes y el gerente del Súper Equipo.

El anterior es un ejemplo clásico que muestra con toda claridad el poder que radica en el manejo de expectativas: uno de los puntos clave que hemos definido, que pertenece a los principios relativos a la conducción de un equipo y con el cual comenzaremos el análisis de la actuación que vayan desarrollando los Directores Técnicos mundialistas.

Nuestro caso es un poco más complejo que el experimento anterior, puesto que se trata de un deporte de dominio público en el que las expectativas se han construido en el inconsciente colectivo a lo largo de varias décadas de Campeonatos Mundiales, por lo que es necesario discernir correctamente.

Por ejemplo, con base en su mejor resultado histórico, las ocho selecciones nacionales con más alta expectativa en Rusia 2018 son:

LUGAR	PAIS	MEJOR RESULTADO
1	Brasil	Campeón 1958,1962,1970,1994,2002
2	Alemania	Campeón 1954,1974,1990, 2014
2	Italia	Campeón 1934,1938,1982,2006
4	Argentina	Campeón 1978,1986
4	Uruguay	Campeón 1930,1950
6	España	Campeón 2010
6	Francia	Campeón 1998
6	Inglaterra	Campeón 1966

Apuntando que Italia es la única nación campeona ausente de este torneo, situación que en su momento fue dramática para su afición. Y por otro lado que de TITE de Brasil tiene un gran reto, puesto que su país considerará un fracaso cualquier resultado diferente al Campeonato Mundial. Aunque siendo un poco más objetivos, debemos ubicar en su justa dimensión el hecho de que, por ejemplo Uruguay, haya sido dos veces Campeón hace 68 y 88 años; lo que sin duda es un parámetro completamente inapropiado para juzgar la actuación de Oscar TABAREZ, su Director Técnico actual.

Entonces, si estamos de acuerdo en que la expectativa construida con los resultados de los años treintas o cincuentas del siglo pasado es inoperante para el juicio actual, podríamos utilizar el más reciente resultado de la Copa Mundial de Brasil y nuestra lista de favoritos se vería modificada así:

LUGAR	PAIS	RESULTADO 2014
1	Alemania	Campeón
2	Argentina	Subcampeón
3	Países Bajos	Tercer lugar
4	Brasil	Cuarto lugar
5	Colombia	Cuartos de final
6	Francia	Cuartos de final
7	Bélgica	Cuartos de final
8	Costa Rica	Cuartos de final

De esta forma Alemania de Joachim LOEW sería la escuadra más señalada para tener la mejor actuación en Rusia 2018.

Ahora bien, con este criterio nos enfrentamos a un par de problemas: que no todas las naciones que participaron en Brasil 2014 están presentes en la justa rusa, por ejemplo Países Bajos; al tiempo que solo cinco de los 32 Directores Técnicos de Rusia 2018 siguen al frente de sus selecciones mundialistas de Brasil: Joachim LOEW de Alemania, Didier DESCHAMPS de Francia, Oscar TABAREZ de Uruguay, Jose PEKERMAN de Colombia y Carlos QUEIROZ de Irán.

Por lo anteriormente expuesto estamos convencidos que el mejor indicador para fijar la expectativa inicial de un equipo participante en el Campeonato Mundial es el Ranking de la FIFA, mismo que se actualizó al 7 de junio de 2018 y que en su cálculo incorpora el resultado de todos los partidos internacionales de los últimos cuatro años ponderando la importancia del encuentro y la fortaleza del rival, entre otros factores, obteniendo el siguiente cuadro de los mejores:

LUGAR	PAIS	PTOS
1	Alemania	1,558
2	Brasil	1,431
3	Bélgica	1,298
4	Portugal	1,274
5	Argentina	1,241
6	Suiza	1,199
7	Francia	1,198
8	Polonia	1,183

Entonces tenemos que Alemania de Joachim LOEW con 1,558 puntos y Brasil de TITE con 1,431 puntos se encuentran muy por encima del resto de los equipos y son los claros favoritos para ganar el torneo mundialista ruso.

Utilizando este Ranking FIFA podemos identificar la expectativa de los equipos para su primer partido, en donde el equipo con más puntos (mejor ranking) es favorito sobre el equipo con menos puntos (menor ranking):

Grupo	País	Director Técnico	Rank	Puntos	Expectativa
A	Rusia	Stanislav CHERCHESOV	70	457	pierde
A	Arabia Saudí	Juan Antonio PIZZI	67	465	GANA
A	Egipto	Hector CUPER	45	649	pierde
A	Uruguay	Oscar TABAREZ	14	1,018	GANA
B	Marruecos	Herve RENARD	41	686	pierde
B	Irán	Carlos QUEIROZ	37	708	GANA
B	Portugal	Fernando SANTOS	4	1,274	GANA
B	España	Fernando HIERRO	10	1,126	pierde
C	Francia	Didier DESCHAMPS	7	1,198	GANA
C	Australia	Bert VAN MARWIJK	26	718	pierde
C	Perú	Ricardo GARECA	11	1,125	GANA
C	Dinamarca	Age HAREIDE	12	1,051	pierde
D	Argentina	Jorge SAMPAOLI	5	1,241	GANA
D	Islandia	Heimir HALLGRIMSSON	22	908	pierde
D	Croacia	Zlatko DALIC	20	945	GANA
D	Nigeria	Gernot ROHR	48	618	pierde
E	Costa Rica	Oscar RAMIREZ	23	884	GANA
E	Serbia	Mladen KRSTAJIC	34	751	pierde
E	Brasil	TITE	2	1,431	GANA
E	Suiza	Vladimir PETKOVIC	6	1,199	pierde
F	Alemania	Joachim LOEW	1	1,558	GANA
F	México	Juan Carlos OSORIO	15	989	pierde
F	Suecia	Janne ANDERSSON	24	880	GANA
F	Corea	Shin TAE-YONG	57	544	pierde
G	Bélgica	Roberto MARTINEZ	3	1,298	GANA
G	Panamá	Hernan GOMEZ	55	571	pierde
G	Túnez	Nabil MAALOUL	21	910	pierde
G	Inglaterra	Gareth SOUTHGATE	13	1,050	GANA
H	Colombia	Jose PEKERMAN	16	986	GANA
H	Japón	Akira NISHINO	61	521	pierde
H	Polonia	Adam NAWALKA	8	1,183	GANA
H	Senegal	Aliou CISSE	27	838	pierde

Una vez identificada la expectativa inicial de cada selección nacional, es preciso reconocer dos realidades contundentes:

1. Los equipos con mejor ranking en cada partido son los favoritos; experimentan un gran compromiso y una gran presión, pues tienen poco que ganar y mucho que perder.
2. Por el contrario, los equipos con menor ranking en cada encuentro están mucho más libres y relajados, ya que tienen poco que perder y mucho que ganar.

Es en este punto en donde debemos retomar el inicio de este capítulo y darnos cuenta de la importancia del manejo de las expectativas por parte de un líder. Y ya veremos en el siguiente capítulo cómo termina la primera ronda y qué Directores Técnicos fueron capaces de cumplir con las expectativas.

Capítulo 3 – Lecciones de la primera ronda de la fase de grupos

Recordemos la tabla de expectativas iniciales del capítulo anterior, a la que le hemos agregado el resultado de los encuentros:

Grupo	País	Director Técnico	Rank	Puntos	Expectativa	Resultado
A	Rusia	Stanislav CHERCHESOV	70	457	pierde	5
A	Arabia Saudí	Juan Antonio PIZZI	67	465	GANA	0
A	Egipto	Hector CUPER	45	649	pierde	0
A	Uruguay	Oscar TABAREZ	14	1,018	GANA	1
B	Marruecos	Herve RENARD	41	686	pierde	0
B	Irán	Carlos QUEIROZ	37	708	GANA	1
B	Portugal	Fernando SANTOS	4	1,274	GANA	3
B	España	Fernando HIERRO	10	1,126	pierde	3
C	Francia	Didier DESCHAMPS	7	1,198	GANA	2
C	Australia	Bert VAN MARWIJK	26	718	pierde	1
C	Perú	Ricardo GARECA	11	1,125	GANA	0
C	Dinamarca	Age HAREIDE	12	1,051	pierde	1
D	Argentina	Jorge SAMPAOLI	5	1,241	GANA	1
D	Islandia	Heimir HALLGRIMSSON	22	908	pierde	1
D	Croacia	Zlatko DALIC	20	945	GANA	2
D	Nigeria	Gernot ROHR	48	618	pierde	0
E	Costa Rica	Oscar RAMIREZ	23	884	GANA	0
E	Serbia	Mladen KRSTAJIC	34	751	pierde	1
E	Brasil	TITE	2	1,431	GANA	1
E	Suiza	Vladimir PETKOVIC	6	1,199	pierde	1
F	Alemania	Joachim LOEW	1	1,558	GANA	0
F	México	Juan Carlos OSORIO	15	989	pierde	1
F	Suecia	Janne ANDERSSON	24	880	GANA	1
F	Corea	Shin TAE-YONG	57	544	pierde	0
G	Bélgica	Roberto MARTINEZ	3	1,298	GANA	3
G	Panamá	Hernan GOMEZ	55	571	pierde	0
G	Túnez	Nabil MAALOUL	21	910	pierde	1
G	Inglaterra	Gareth SOUTHGATE	13	1,050	GANA	2
H	Colombia	Jose PEKERMAN	16	986	GANA	1
H	Japón	Akira NISHINO	61	521	pierde	2
H	Polonia	Adam NAWALKA	8	1,183	GANA	1
H	Senegal	Aliou CISSE	27	838	pierde	2

Como puede observarse, solo en 7 de los 16 partidos (44%) de la primera ronda de la fase de grupos se cumplió con la expectativa inicial, mientras que en los otros 9 partidos (56%) no se cumplió con esa expectativa.

Y recapitulemos las dos realidades contundentes que señalamos:

1. Los equipos con mejor ranking en cada partido son los favoritos; experimentan un gran compromiso y una gran presión, pues tienen poco que ganar y mucho que perder.
2. Por el contrario, los equipos con menor ranking en cada encuentro están mucho más libres y relajados, ya que tienen poco que perder y mucho que ganar.

¿Qué Directores Técnicos no manejaron adecuadamente las expectativas en la primera ronda de la Copa del Mundo de Rusia 2018 y, por lo tanto, experimentaron un revés inicial?

En orden de gravedad progresiva tenemos primero a los Directores Técnicos que en lugar de ganar, empataron:

- TITE de Brasil (Rank 2) empató 1-1 con Vladimir PETKOVIC de Suiza (Rank 6), una selección 4 lugares por debajo.
- Fernando SANTOS de Portugal (Rank 4) empató 3-3 con Fernando HIERRO de España (Rank 10), una selección 6 lugares por debajo.
- Jorge SAMPAOLI de Argentina (Rank 5) empató 1-1 con Heimir HALLGRIMSSON de Islandia (Rank 22), una selección 17 lugares por debajo.

Y de nuevo en orden de gravedad progresiva, a continuación tenemos a los Directores Técnicos que en lugar de ganar, perdieron:

- Ricardo GARECA de Perú (Rank 11) perdió 0-1 con Age HAREIDE de Dinamarca (Rank 12), una selección 1 lugar por debajo.

- Juan Antonio PIZZI de Arabia Saudí (Rank 67) perdió 0-5 con Stanislav CHERCHESOV de Rusia (Rank 70), una selección 3 lugares por debajo.
- Oscar RAMIREZ de Costa Rica (Rank 23) perdió 0-1 con Mladen KRSTAJIC de Serbia (Rank 34), una selección 11 lugares por debajo.
- Joachim LOEW de Alemania (Rank 1) perdió 0-1 con Juan Carlos OSORIO de México (Rank 15), una selección 14 lugares por debajo.
- Adam NAWALKA de Polonia (Rank 8) perdió 1-2 Aliou CISSE de Senegal (Rank 27), una selección 19 lugares por debajo.
- Jose PEKERMAN de Colombia (Rank 16) perdió 1-2 con Akira NISHINO de Japón (Rank 61), una selección 45 lugares por debajo.

De los nueve Directores Técnicos que no cumplieron con la expectativa de ganar en la primera ronda, TITE de Brasil fue el caso menos grave, puesto que empató con una selección apenas cuatro lugares por debajo de la suya en el Ranking de la FIFA, mientras que Jose PEKERMAN de Colombia experimentó el resultado más adverso al perder con una selección cuarenta y cinco lugares por debajo de la suya.

Ahora bien, ¿qué sucede en un torneo como el Mundial de Rusia 2018 cuando un equipo no cumple con la expectativa inicial? Invariablemente ocurre un ajuste, hacia arriba o hacia abajo, según el resultado que se haya tenido. Y esa expectativa inicial ajustada servirá como base para la siguiente ronda.

¿Cómo se ajustan las expectativas?

Para llevar a cabo este proceso específico es necesario acordar una convención para evaluar los resultados obtenidos por los Directores Técnicos, misma que utilizaremos de aquí en adelante, dependiendo del adversario al que enfrenten y solo hay dos posibilidades: jugar frente a un rival más débil o jugar frente a un rival más fuerte (en la primera ronda con base en el Ranking FIFA inicial).

Entonces, si un Director Técnico enfrenta a un equipo con menor ranking, se espera que gane y al cumplir esta expectativa ajustaríamos la expectativa inicial con "+". Ahora que si gana por goleada (diferencia de tres o más goles), lo premiaríamos ajustándole con "++". Pero si empata sería un mal resultado, por lo que lo penalizaríamos ajustando con "-", y peor resultado sería el perder con un rival más débil, en cuyo caso le ajustaríamos con "- -", llegando al extremo más grave cuando pierde por goleada, situación en la que el ajuste sería con "- - - -".

En la otra mano, si un Director Técnico enfrenta a un equipo con mayor ranking, se espera que pierda y al cumplir esta expectativa ajustaríamos con "-". Si pierde por goleada, el ajuste sería "- -". Pero si empata sería un buen resultado, por lo que ajustaríamos con "+", y mejor resultado sería ganarle a un rival más fuerte, en cuyo caso el ajuste sería de "++", ajustando con "++++" en caso de ganar por goleada.

Utilizando esta convención obtenemos la siguiente expectativa ajustada para la segunda ronda de la fase de grupos:

Grupo	País	Director Técnico	Rank	Puntos Iniciales	Ajuste Juego1	Puntos AJ1	Expectativa Juego2
A	Rusia	Stanislav CHERCHESOV	70	457	++++	640	GANA
A	Egipto	Hector CUPER	45	649	-	584	pierde
A	Uruguay	Oscar TABAREZ	14	1,018	+	1,120	GANA
A	Arabia Saudí	Juan Antonio PIZZI	67	465	----	279	pierde
B	Portugal	Fernando SANTOS	4	1,274	-	1,147	GANA
B	Marruecos	Herve RENARD	41	686	-	617	pierde
B	Irán	Carlos QUEIROZ	37	708	+	779	pierde
B	España	Fernando HIERRO	10	1,126	+	1,239	GANA
C	Dinamarca	Age HAREIDE	12	1,051	++	1,261	GANA
C	Australia	Bert VAN MARWIJK	26	718	-	646	pierde
C	Francia	Didier DESCHAMPS	7	1,198	+	1,318	GANA
C	Perú	Ricardo GARECA	11	1,125	--	900	pierde
D	Argentina	Jorge SAMPAOLI	5	1,241	-	1,117	GANA
D	Croacia	Zlatko DALIC	20	945	+	1,040	pierde
D	Nigeria	Gernot ROHR	48	618	-	556	pierde
D	Islandia	Heimir HALLGRIMSSON	22	908	+	999	GANA
E	Brasil	TITE	2	1,431	-	1,288	GANA
E	Costa Rica	Oscar RAMIREZ	23	884	--	707	pierde
E	Serbia	Mladen KRSTAJIC	34	751	++	901	pierde
E	Suiza	Vladimir PETKOVIC	6	1,199	+	1,319	GANA
F	Corea	Shin TAE-YONG	57	544	-	490	pierde
F	México	Juan Carlos OSORIO	15	989	++	1,187	GANA
F	Alemania	Joachim LOEW	1	1,558	--	1,246	GANA
F	Suecia	Janne ANDERSSON	24	880	+	968	pierde
G	Bélgica	Roberto MARTINEZ	3	1,298	++	1,558	GANA
G	Túnez	Nabil MAALOUL	21	910	-	819	pierde
G	Inglaterra	Gareth SOUTHGATE	13	1,050	+	1,155	GANA
G	Panamá	Hernan GOMEZ	55	571	--	457	pierde
H	Japón	Akira NISHINO	61	521	++	625	pierde
H	Senegal	Aliou CISSE	27	838	++	1,006	GANA
H	Polonia	Adam NAWALKA	8	1,183	--	946	GANA
H	Colombia	Jose PEKERMAN	16	986	--	789	pierde

Reflexiones personales sobre el tema de expectativas

1. De nuevo, ¿cuál es la expectativa que se tiene sobre mi equipo?
2. ¿Estoy de acuerdo con ella? ¿La he manejado de forma adecuada?
3. ¿En qué hechos está basada esa expectativa de mi equipo? ¿Son correctos? ¿Siguen siendo vigentes?
4. ¿Qué hechos se han pasado por alto para determinar la expectativa que se tiene sobre mi equipo?
5. ¿Sería conveniente cambiar la expectativa sobre mi equipo? ¿Por cuál? ¿Qué tengo que hacer para lograrlo?

Capítulo 4: Lecciones de la segunda ronda de la fase de grupos

Comencemos analizando la tabla de expectativas ajustadas para la segunda ronda con sus correspondientes resultados:

Grupo	País	Director Técnico	Rank	Puntos Iniciales	Ajuste Juego1	Puntos AJ1	Expectativa Juego2	Resultado
A	Rusia	Stanislav CHERCHESOV	70	457	++++	640	GANA	3
A	Egipto	Hector CUPER	45	649	-	584	pierde	1
A	Uruguay	Oscar TABAREZ	14	1,018	+	1,120	GANA	1
A	Arabia Saudí	Juan Antonio PIZZI	67	465	----	279	pierde	0
B	Portugal	Fernando SANTOS	4	1,274	-	1,147	GANA	1
B	Marruecos	Herve RENARD	41	686	-	617	pierde	0
B	Irán	Carlos QUEIROZ	37	708	+	779	pierde	0
B	España	Fernando HIERRO	10	1,126	+	1,239	GANA	1
C	Dinamarca	Age HAREIDE	12	1,051	++	1,261	GANA	1
C	Australia	Bert VAN MARWIJK	26	718	-	646	pierde	1
C	Francia	Didier DESCHAMPS	7	1,198	+	1,318	GANA	1
C	Perú	Ricardo GARECA	11	1,125	--	900	pierde	0
D	Argentina	Jorge SAMPAOLI	5	1,241	-	1,117	GANA	0
D	Croacia	Zlatko DALIC	20	945	+	1,040	pierde	3
D	Nigeria	Gernot ROHR	48	618	-	556	pierde	2
D	Islandia	Heimir HALLGRIMSSON	22	908	+	999	GANA	0
E	Brasil	TITE	2	1,431	-	1,288	GANA	2
E	Costa Rica	Oscar RAMIREZ	23	884	--	707	pierde	0
E	Serbia	Mladen KRSTAJIC	34	751	++	901	pierde	1
E	Suiza	Vladimir PETKOVIC	6	1,199	+	1,319	GANA	2
F	Corea	Shin TAE-YONG	57	544	-	490	pierde	1
F	México	Juan Carlos OSORIO	15	989	++	1,187	GANA	2
F	Alemania	Joachim LOEW	1	1,558	--	1,246	GANA	2
F	Suecia	Janne ANDERSSON	24	880	+	968	pierde	1
G	Bélgica	Roberto MARTINEZ	3	1,298	++	1,558	GANA	5
G	Túnez	Nabil MAALOUL	21	910	-	819	pierde	2
G	Inglaterra	Gareth SOUTHGATE	13	1,050	+	1,155	GANA	6
G	Panamá	Hernan GOMEZ	55	571	--	457	pierde	1
H	Japón	Akira NISHINO	61	521	++	625	pierde	2
H	Senegal	Aliou CISSE	27	838	++	1,006	GANA	2
H	Polonia	Adam NAWALKA	8	1,183	--	946	GANA	0
H	Colombia	Jose PEKERMAN	16	986	--	789	pierde	3

En esta segunda ronda, a diferencia de la primera, solo en 5 de 16 partidos (31%) no se cumplió con la expectativa ajustada, mientras que en los otros 11 encuentros (69%) sí se cumplió con esa expectativa ajustada.

¿Qué Directores Técnicos no manejaron adecuadamente las expectativas ajustadas en la segunda ronda de la Copa del Mundo de Rusia 2018 y, por lo tanto, experimentaron un revés?

En orden de gravedad progresiva tenemos primero a los dos Directores Técnicos que en lugar de ganar, empataron:

- Age HAREIDE de Dinamarca (Rank 12) empató 1-1 con Bert VAN MARWIJK de Australia (Rank 26), una selección 14 lugares por debajo.
- Aliou CISSE de Senegal (Rank 27) empató 2-2 con Akira NISHINO de Japón (Rank 61), una selección 34 lugares por debajo.

Y de nuevo en orden de gravedad progresiva, a continuación tenemos a los tres Directores Técnicos que en lugar de ganar, perdieron:

- Adam NAWALKA de Polonia (Rank 8) perdió 0-3 con Jose PEKERMAN de Colombia (Rank 16), una selección 8 lugares por debajo.
- Jorge SAMPAOLI de Argentina (Rank 5) perdió 0-3 con Zlatko DALIC de Croacia (Rank 20), una selección 15 lugares por debajo.
- Heimir HALLGRIMSSON de Islandia (Rank 22) perdió 0-2 con Gernot ROHR de Nigeria (Rank 48), una selección 26 lugares por debajo.

Es de llamar la atención que de los nueve Directores Técnicos que en la primera ronda no cumplieron con su expectativa ganadora, dos de ellos volvieron a incumplir la expectativa ganadora en la segunda ronda, lo que los coloca al momento como los menos competentes del certamen, en orden de gravedad:

- Jorge SAMPAOLI de Argentina (Rank 5) empató 1-1 con Heimir HALLGRIMSSON de Islandia (Rank 22), una selección 17 lugares por debajo, y después perdió 0-3 con Zlatko DALIC de Croacia (Rank 20), una selección 15 lugares por debajo.

- Adam NAWALKA de Polonia (Rank 8) perdió 1-2 con Aliou CISSE de Senegal (Rank 27), una selección 19 lugares por debajo, y después perdió 0-3 con Jose PEKERMAN de Colombia (Rank 16), una selección 8 lugares por debajo.

Quizá encontremos alguna pista de su doble descalabro en las declaraciones de estos dos Directores Técnicos al final de sus respectivos encuentros:

Jorge SAMPAOLI de Argentina

- Después de empatar 1-1 con Heimir HALLGRIMSSON de Islandia: "Una acción de penal en un mundial es un aspecto que uno celebra porque es una acción posible de gol, en un partido tan cerrado como el de hoy tener la posibilidad de que la buena jugada de la aparición de Messi se convirtiera en penal nos abrió la ilusión de que podíamos ganar el partido. La preocupación es no haber logrado los tres puntos. Más allá de contar con Messi, nos ilusiona que más adelante el equipo tenga las mismas chances con las que empezamos cuando era el inicio (del torneo). El futbol te da estas cosas y hay que hacernos fuertes, muy fuertes ahora entre el grupo y creer en nosotros, y pensar que tenemos todas las armas para ganarle a cualquiera y seguir adelante".
- Después de perder 0-3 con Zlatko DALIC de Croacia: "Yo creo que hoy la clave de la derrota tiene que ver con responsabilidades, más de todos mía que soy el entrenador. No creo considerable, ni humano, ni real achacarle la responsabilidad a Caballero (el portero).

Después de la desgracia del primer gol nos costó todo mucho y se quebró el partido para nosotros emocionalmente, y ahí no tuvimos el argumento futbolístico como para poder modificar la historia. Estaba muy esperanzado, tengo mucho dolor por la derrota. Estábamos muy ilusionados antes de este partido de poder lograr el primer lugar y estar cerca de la clasificación, pero esto nos aleja. El plan de este partido no resultó y hay que esperar y apostar todo a una mínima posibilidad que quede o la que quede".

Adam NAWALKA de Polonia

- Después de perder 1-2 con Aliou CISSE de Senegal, no se presentó a la conferencia de prensa.
- Después de perder 0-3 con Jose PEKERMAN de Colombia: "Creo que nuestros jugadores realmente jugaron a su mejor nivel hasta el final del partido, pero perdimos frente a un equipo muy fuerte y esto es algo que debemos aceptar. El juego estuvo muy nivelado hasta que recibimos el primer gol, entonces cambiamos nuestro sistema a un rol más ofensivo, pero desafortunadamente así es el deporte. Hoy el equipo colombiano fue un mejor equipo y aunque tuvimos varias oportunidades no fuimos efectivos. Estoy muy apenado y muy triste por la derrota, pero mañana será otro día. Trataremos de jugar de la mejor manera en que podamos, hasta donde alcancen nuestras posibilidades".

Es muy importante señalar que nuestras palabras son el reflejo de nuestros pensamientos, los cuales determinan nuestras acciones, y por tanto, el desempeño de nuestros equipos de trabajo.

¿Te das cuenta de todo lo que se puede analizar y aprender de las palabras de un líder y su impacto en las expectativas de sus seguidores?

Para este momento debe quedarnos claro que las expectativas de un equipo tienen dos fuentes: una externa y otra interna, y que en la construcción de esta última es el líder quien contribuye con mayor peso.

Revisemos ahora las expectativas ajustadas para la tercera y última ronda de la fase de grupos:

Grupo	País	Director Técnico	Rank	Puntos AJ1	Ajuste Juego2	Puntos AJ2	Expectativa Juego3
A	Uruguay	Oscar TABAREZ	14	1,120	+	1,232	GANA
A	Rusia	Stanislav CHERCHESOV	70	640	+	704	pierde
A	Arabia Saudí	Juan Antonio PIZZI	67	279	-	251	pierde
A	Egipto	Hector CUPER	45	584	-	526	GANA
B	España	Fernando HIERRO	10	1,239	+	1,362	GANA
B	Marruecos	Herve RENARD	41	617	-	556	pierde
B	Irán	Carlos QUEIROZ	37	779	-	701	pierde
B	Portugal	Fernando SANTOS	4	1,147	+	1,261	GANA
C	Australia	Bert VAN MARWIJK	26	646	+	711	pierde
C	Perú	Ricardo GARECA	11	900	-	810	GANA
C	Dinamarca	Age HAREIDE	12	1,261	-	1,135	pierde
C	Francia	Didier DESCHAMPS	7	1,318	+	1,450	GANA
D	Nigeria	Gernot ROHR	48	556	++	667	pierde
D	Argentina	Jorge SAMPAOLI	5	1,117	----	670	GANA
D	Islandia	Heimir HALLGRIMSSON	22	999	--	799	pierde
D	Croacia	Zlatko DALIC	20	1,040	++++	1,455	GANA
E	Serbia	Mladen KRSTAJIC	34	901	-	811	pierde
E	Brasil	TITE	2	1,288	+	1,417	GANA
E	Suiza	Vladimir PETKOVIC	6	1,319	+	1,451	GANA
E	Costa Rica	Oscar RAMIREZ	23	707	-	636	pierde
F	Corea	Shin TAE-YONG	57	490	-	441	pierde
F	Alemania	Joachim LOEW	1	1,246	+	1,371	GANA
F	México	Juan Carlos OSORIO	15	1,187	+	1,305	GANA
F	Suecia	Janne ANDERSSON	24	968	-	871	pierde
G	Panamá	Hernan GOMEZ	55	457	--	365	pierde
G	Túnez	Nabil MAALOUL	21	819	--	655	GANA
G	Inglaterra	Gareth SOUTHGATE	13	1,155	++	1,386	pierde
G	Bélgica	Roberto MARTINEZ	3	1,558	++	1,869	GANA
H	Japón	Akira NISHINO	61	625	+	688	GANA
H	Polonia	Adam NAWALKA	8	946	----	568	pierde
H	Senegal	Aliou CISSE	27	1,006	-	905	pierde
H	Colombia	Jose PEKERMAN	16	789	++++	1,104	GANA

Reflexiones personales sobre el tema de expectativas internas

1. ¿Estoy consciente que como líder genero para mi equipo expectativas positivas y negativas? ¿Cómo manejo unas y otras?
2. ¿Qué conducta adopto cuando mi equipo cumple con una expectativa interna, ya sea positiva o negativa?
3. ¿Me he puesto a reflexionar si el cumplimiento tiene que ver más con la fijación de la expectativa interna, que con la actuación de mi equipo?
4. ¿Qué conducta adopto cuando mi equipo no cumple con una expectativa interna, ya sea positiva o negativa?
5. ¿Me he puesto a reflexionar si el incumplimiento tiene que ver más con la fijación de la expectativa interna, que con la actuación de mi equipo?

Capítulo 5: Lecciones de la conclusión de la fase de grupos

La tercera y última ronda de la fase de grupos trajo consigo los siguientes resultados que presentamos en el formato acostumbrado:

Grupo	País	Director Técnico	Rank	Puntos AJ1	Ajuste Juego2	Puntos AJ2	Expectativa Juego3	Resultado
A	Uruguay	Oscar TABAREZ	14	1,120	+	1,232	GANA	3
A	Rusia	Stanislav CHERCHESOV	70	640	+	704	pierde	0
A	Arabia Saudí	Juan Antonio PIZZI	67	279	-	251	pierde	2
A	Egipto	Hector CUPER	45	584	-	526	GANA	1
B	España	Fernando HIERRO	10	1,239	+	1,362	GANA	2
B	Marruecos	Herve RENARD	41	617	-	556	pierde	2
B	Irán	Carlos QUEIROZ	37	779	-	701	pierde	1
B	Portugal	Fernando SANTOS	4	1,147	+	1,261	GANA	1
C	Australia	Bert VAN MARWIJK	26	646	+	711	pierde	0
C	Perú	Ricardo GARECA	11	900	-	810	GANA	2
C	Dinamarca	Age HAREIDE	12	1,261	-	1,135	pierde	0
C	Francia	Didier DESCHAMPS	7	1,318	+	1,450	GANA	0
D	Nigeria	Gernot ROHR	48	556	++	667	pierde	1
D	Argentina	Jorge SAMPAOLI	5	1,117	----	670	GANA	2
D	Islandia	Heimir HALLGRIMSSON	22	999	--	799	pierde	1
D	Croacia	Zlatko DALIC	20	1,040	++++	1,455	GANA	2
E	Serbia	Mladen KRSTAJIC	34	901	-	811	pierde	0
E	Brasil	TITE	2	1,288	+	1,417	GANA	2
E	Suiza	Vladimir PETKOVIC	6	1,319	+	1,451	GANA	2
E	Costa Rica	Oscar RAMIREZ	23	707	-	636	pierde	1
F	Corea	Shin TAE-YONG	57	490	-	441	pierde	2
F	Alemania	Joachim LOEW	1	1,246	+	1,371	GANA	0
F	México	Juan Carlos OSORIO	15	1,187	+	1,305	GANA	0
F	Suecia	Janne ANDERSSON	24	968	-	871	pierde	3
G	Panamá	Hernan GOMEZ	55	457	--	365	pierde	1
G	Túnez	Nabil MAALOUL	21	819	--	655	GANA	2
G	Inglaterra	Gareth SOUTHGATE	13	1,155	++	1,386	pierde	0
G	Bélgica	Roberto MARTINEZ	3	1,558	++	1,869	GANA	1
H	Japón	Akira NISHINO	61	625	+	688	GANA	0
H	Polonia	Adam NAWALKA	8	946	----	568	pierde	1
H	Senegal	Aliou CISSE	27	1,006	-	905	pierde	0
H	Colombia	Jose PEKERMAN	16	789	++++	1,104	GANA	1

En esta ronda final, en 7 de 16 partidos (44%) no se cumplió con la expectativa ajustada, mientras que en los otros 9 encuentros (56%) sí se cumplió con esa expectativa ajustada.

Y dado que ya hicimos ese análisis de expectativas en los dos capítulos anteriores, y que al término de esta tercera ronda varios equipos fueron eliminados del certamen, hagamos el ejercicio con el desenlace definitivo después de las primeras tres rondas, identificando a quienes cumplieron y a quienes incumplieron con la expectativa inicial de lograr el pase a los octavos de final.

Al inicio del libro establecimos que los equipos con mejor ranking inicial eran favoritos, por tanto debían avanzar a la siguiente fase en sus respectivos grupos y, por extensión, eso mismo debía ocurrir con el equipo del segundo mejor ranking, mientras que para el equipo con el tercer mejor ranking sería un gran logro avanzar y para el equipo con el ranking menos bueno ya era un triunfo el estar participando en la Copa del Mundo. Entonces tenemos para cada uno de los ocho grupos:

Grupo	País	Director Técnico	Rank	Puntos	Expectativa	Desenlace
A	Uruguay	Oscar TABAREZ	14	1,018	AVANZARÁ	AVANZÓ
A	Egipto	Hector CUPER	45	649	AVANZARÁ	eliminado
A	Arabia Saudí	Juan Antonio PIZZI	67	465	será eliminado	eliminado
A	Rusia	Stanislav CHERCHESOV	70	457	será eliminado	AVANZÓ

Uruguay y Rusia avanzaron: el primero cumplió la expectativa y el segundo sorprendió. Arabia Saudí cumplió la expectativa y Egipto no lo hizo.

Grupo	País	Director Técnico	Rank	Puntos	Expectativa	Desenlace
B	Portugal	Fernando SANTOS	4	1,274	AVANZARÁ	AVANZÓ
B	España	Fernando HIERRO	10	1,126	AVANZARÁ	AVANZÓ
B	Irán	Carlos QUEIROZ	37	708	será eliminado	eliminado
B	Marruecos	Herve RENARD	41	686	será eliminado	eliminado

Portugal y España avanzaron: ambos cumplieron la expectativa. Irán y Marruecos también.

Grupo	País	Director Técnico	Rank	Puntos	Expectativa	Desenlace
C	Francia	Didier DESCHAMPS	7	1,198	AVANZARÁ	AVANZÓ
C	Perú	Ricardo GARECA	11	1,125	AVANZARÁ	eliminado
C	Dinamarca	Age HAREIDE	12	1,051	será eliminado	AVANZÓ
C	Australia	Bert VAN MARWIJK	26	718	será eliminado	eliminado

Francia y Dinamarca avanzaron: el primero cumplió la expectativa y el segundo la superó. Australia cumplió la expectativa y Perú no lo hizo.

Grupo	País	Director Técnico	Rank	Puntos	Expectativa	Desenlace
D	Argentina	Jorge SAMPAOLI	5	1,241	AVANZARÁ	AVANZÓ
D	Croacia	Zlatko DALIC	20	945	AVANZARÁ	AVANZÓ
D	Islandia	Heimir HALLGRIMSSON	22	908	será eliminado	eliminado
D	Nigeria	Gernot ROHR	48	618	será eliminado	eliminado

Argentina y Croacia avanzaron: ambos cumplieron la expectativa. Islandia y Nigeria también.

Grupo	País	Director Técnico	Rank	Puntos	Expectativa	Desenlace
E	Brasil	TITE	2	1,431	AVANZARÁ	AVANZÓ
E	Suiza	Vladimir PETKOVIC	6	1,199	AVANZARÁ	AVANZÓ
E	Costa Rica	Oscar RAMIREZ	23	884	será eliminado	eliminado
E	Serbia	Mladen KRSTAJIC	34	751	será eliminado	eliminado

Brasil y Suiza avanzaron: ambos cumplieron la expectativa. Costa Rica y Serbia también.

Grupo	País	Director Técnico	Rank	Puntos	Expectativa	Desenlace
F	Alemania	Joachim LOEW	1	1,558	AVANZARÁ	eliminado
F	México	Juan Carlos OSORIO	15	989	AVANZARÁ	AVANZÓ
F	Suecia	Janne ANDERSSON	24	880	será eliminado	AVANZÓ
F	Corea	Shin TAE-YONG	57	544	será eliminado	eliminado

México y Suecia avanzaron: el primero cumplió la expectativa y el segundo la superó. Corea cumplió la expectativa y Alemania decepcionó.

Grupo	País	Director Técnico	Rank	Puntos	Expectativa	Desenlace
G	Bélgica	Roberto MARTINEZ	3	1,298	AVANZARÁ	AVANZÓ
G	Inglaterra	Gareth SOUTHGATE	13	1,050	AVANZARÁ	AVANZÓ
G	Túnez	Nabil MAALOUL	21	910	será eliminado	eliminado
G	Panamá	Hernan GOMEZ	55	571	será eliminado	eliminado

Bélgica e Inglaterra avanzaron: ambos cumplieron la expectativa. Túnez y Panamá también.

Grupo	País	Director Técnico	Rank	Puntos	Expectativa	Desenlace
H	Polonia	Adam NAWALKA	8	1,183	AVANZARÁ	eliminado
H	Colombia	Jose PEKERMAN	16	986	AVANZARÁ	AVANZÓ
H	Senegal	Aliou CISSE	27	838	será eliminado	eliminado
H	Japón	Akira NISHINO	61	521	será eliminado	AVANZÓ

Colombia y Japón avanzaron: el primero cumplió la expectativa y el segundo sorprendió. Senegal cumplió la expectativa y Polonia decepcionó.

En síntesis, tuvimos 24 Directores Técnicos (67%) que cumplieron la expectativa inicial; 12 cumplieron la expectativa de avanzar:

Grupo	País	Director Técnico	Rank	Puntos	Expectativa	Desenlace
E	Brasil	TITE	2	1,431	AVANZARÁ	AVANZÓ
G	Bélgica	Roberto MARTINEZ	3	1,298	AVANZARÁ	AVANZÓ
B	Portugal	Fernando SANTOS	4	1,274	AVANZARÁ	AVANZÓ
D	Argentina	Jorge SAMPAOLI	5	1,241	AVANZARÁ	AVANZÓ
E	Suiza	Vladimir PETKOVIC	6	1,199	AVANZARÁ	AVANZÓ
C	Francia	Didier DESCHAMPS	7	1,198	AVANZARÁ	AVANZÓ
B	España	Fernando HIERRO	10	1,126	AVANZARÁ	AVANZÓ
G	Inglaterra	Gareth SOUTHGATE	13	1,050	AVANZARÁ	AVANZÓ
A	Uruguay	Oscar TABAREZ	14	1,018	AVANZARÁ	AVANZÓ
F	México	Juan Carlos OSORIO	15	989	AVANZARÁ	AVANZÓ
H	Colombia	Jose PEKERMAN	16	986	AVANZARÁ	AVANZÓ
D	Croacia	Zlatko DALIC	20	945	AVANZARÁ	AVANZÓ

Y 12 cumplieron la expectativa de no avanzar:

Grupo	País	Director Técnico	Rank	Puntos	Expectativa	Desenlace
G	Túnez	Nabil MAALOUL	21	910	será eliminado	eliminado
D	Islandia	Heimir HALLGRIMSSON	22	908	será eliminado	eliminado
E	Costa Rica	Oscar RAMIREZ	23	884	será eliminado	eliminado
C	Australia	Bert VAN MARWIJK	26	718	será eliminado	eliminado
H	Senegal	Aliou CISSE	27	838	será eliminado	eliminado
E	Serbia	Mladen KRSTAJIC	34	751	será eliminado	eliminado
B	Irán	Carlos QUEIROZ	37	708	será eliminado	eliminado
B	Marruecos	Herve RENARD	41	686	será eliminado	eliminado
D	Nigeria	Gernot ROHR	48	618	será eliminado	eliminado
G	Panamá	Hernan GOMEZ	55	571	será eliminado	eliminado
F	Corea	Shin TAE-YONG	57	544	será eliminado	eliminado
A	Arabia Saudí	Juan Antonio PIZZI	67	465	será eliminado	eliminado

El otro 33% de los Directores Técnicos estuvo compuesto por quienes no cumplieron la expectativa inicial, ya sea porque la superaron o porque quedaron debajo de ella.

Los Directores Técnicos que no se esperaba que avanzaran y que avanzaron fueron cuatro; dos que superaron la expectativa:

Grupo	País	Director Técnico	Rank	Puntos	Expectativa	Desenlace
C	Dinamarca	Age HAREIDE	12	1,051	será eliminado	AVANZÓ
F	Suecia	Janne ANDERSSON	24	880	será eliminado	AVANZÓ

Y dos que sorprendieron al exceder ampliamente la expectativa:

Grupo	País	Director Técnico	Rank	Puntos	Expectativa	Desenlace
H	Japón	Akira NISHINO	61	521	será eliminado	AVANZÓ
A	Rusia	Stanislav CHERCHESOV	70	457	será eliminado	AVANZÓ

Por otra parte, los Directores Técnicos que se esperaba que avanzaran y que fueron eliminados también fueron cuatro; dos que quedaron debajo de la expectativa:

Grupo	País	Director Técnico	Rank	Puntos	Expectativa	Desenlace
A	Egipto	Hector CUPER	45	649	AVANZARÁ	eliminado
C	Perú	Ricardo GARECA	11	1,125	AVANZARÁ	eliminado

Y dos que decepcionaron al incumplir estrepitosamente la expectativa de avanzar, siendo de los ocho equipos con mejor ranking:

Grupo	País	Director Técnico	Rank	Puntos	Expectativa	Desenlace
H	Polonia	Adam NAWALKA	8	1,183	AVANZARÁ	eliminado
F	Alemania	Joachim LOEW	1	1,558	AVANZARÁ	eliminado

El análisis anterior es resultado de juzgar exclusivamente la expectativa inicial de cumplir o incumplir con el hecho de avanzar a los octavos de final, sin embargo, vimos anteriormente que el análisis puede hacerse más específico puesto que la expectativa inicial se va ajustando en cada partido según su resultado.

Pero lo anterior ya es historia y ahora es preciso ver hacia los partidos de octavos de final utilizando los datos más recientes de las expectativas ajustadas:

Grupo	País	Director Técnico	Rank	Puntos AJ2	Ajuste Juego3	Puntos AJ3	Expectativa Juego4
C	Francia	Didier DESCHAMPS	7	1,450	-	1,305	GANA
D	Argentina	Jorge SAMPAOLI	5	670	+	737	pierde

Grupo	País	Director Técnico	Rank	Puntos AJ2	Ajuste Juego3	Puntos AJ3	Expectativa Juego4
A	Uruguay	Oscar TABAREZ	14	1,232	++	1,478	GANA
B	Portugal	Fernando SANTOS	4	1,261	-	1,135	pierde

Grupo	País	Director Técnico	Rank	Puntos AJ2	Ajuste Juego3	Puntos AJ3	Expectativa Juego4
B	España	Fernando HIERRO	10	1,362	-	1,226	GANA
A	Rusia	Stanislav CHERCHESOV	70	704	-	633	pierde

Grupo	País	Director Técnico	Rank	Puntos AJ2	Ajuste Juego3	Puntos AJ3	Expectativa Juego4
D	Croacia	Zlatko DALIC	20	1,455	+	1,601	GANA
C	Dinamarca	Age HAREIDE	12	1,135	+	1,249	pierde

Grupo	País	Director Técnico	Rank	Puntos AJ2	Ajuste Juego3	Puntos AJ3	Expectativa Juego4
E	Brasil	TITE	2	1,417	+	1,558	GANA
F	México	Juan Carlos OSORIO	15	1,305	----	783	pierde

Grupo	País	Director Técnico	Rank	Puntos AJ2	Ajuste Juego3	Puntos AJ3	Expectativa Juego4
G	Bélgica	Roberto MARTINEZ	3	1,869	+	2,056	GANA
H	Japón	Akira NISHINO	61	688	--	550	pierde

Grupo	País	Director Técnico	Rank	Puntos AJ2	Ajuste Juego3	Puntos AJ3	Expectativa Juego4
F	Suecia	Janne ANDERSSON	24	871	++++	1,220	pierde
E	Suiza	Vladimir PETKOVIC	6	1,451	+	1,596	GANA

Grupo	País	Director Técnico	Rank	Puntos AJ2	Ajuste Juego3	Puntos AJ3	Expectativa Juego4
H	Colombia	Jose PEKERMAN	16	1,104	+	1,215	pierde
G	Inglaterra	Gareth SOUTHGATE	13	1,386	-	1,247	GANA

¿Qué te parece? En el siguiente capítulo analizaremos los resultados de octavos de final. Pero de momento es conveniente señalar que a través de las expectativas (externas e internas) podemos tener una buena aproximación al desempeño futuro de un equipo.

Sin embargo, como este solo elemento no es suficiente para explicar todos los casos, particularmente cuando se no se cumplen dichas expectativas, resultará interesante comenzar a profundizar en otros factores que complementen nuestra panorámica del correcto ejercicio del liderazgo.

Por lo pronto podemos enunciar una **segunda Lección de Liderazgo Mundialista:**

El buen manejo de expectativas no garantiza el éxito, pero manejo deficiente invariablemente conduce al caos.

Reflexiones personales sobre el tema de manejo de expectativas

1. ¿Cómo me comporto y cómo se comportan mis superiores cuando mi equipo cumple con una expectativa positiva?
2. ¿Y si sorprende a todo mundo excediéndola ampliamente?
3. ¿Cómo me comporto y cómo se comportan mis superiores cuando mi equipo incumple con una expectativa positiva?
4. ¿Y si decepciona a todos incumpliéndola de manera estrepitosa?
5. ¿Cómo me comporto y cómo se comportan mis superiores cuando mi equipo cumple con una expectativa negativa? ¿Y si la incumple?

Capítulo 6: Lecciones de los octavos de final

Después de los partidos de octavos de final, vamos a profundizar en nuestro análisis a partir del resultado de estos ocho encuentros:

Grupo	País	Director Técnico	Rank	Puntos AJ2	Ajuste Juego3	Puntos AJ3	Expectativa Juego4	Resultado
C	Francia	Didier DESCHAMPS	7	1,450	-	1,305	GANA	4
D	Argentina	Jorge SAMPAOLI	5	670	+	737	pierde	3

Grupo	País	Director Técnico	Rank	Puntos AJ2	Ajuste Juego3	Puntos AJ3	Expectativa Juego4	Resultado
A	Uruguay	Oscar TABAREZ	14	1,232	++	1,478	GANA	2
B	Portugal	Fernando SANTOS	4	1,261	-	1,135	pierde	1

Grupo	País	Director Técnico	Rank	Puntos AJ2	Ajuste Juego3	Puntos AJ3	Expectativa Juego4	Resultado
B	España	Fernando HIERRO	10	1,362	-	1,226	GANA	1 (3)
A	Rusia	Stanislav CHERCHESOV	70	704	-	633	pierde	1 (4)

Grupo	País	Director Técnico	Rank	Puntos AJ2	Ajuste Juego3	Puntos AJ3	Expectativa Juego4	Resultado
D	Croacia	Zlatko DALIC	20	1,455	+	1,601	GANA	1 (3)
C	Dinamarca	Age HAREIDE	12	1,135	+	1,249	pierde	1 (2)

Grupo	País	Director Técnico	Rank	Puntos AJ2	Ajuste Juego3	Puntos AJ3	Expectativa Juego4	Resultado
E	Brasil	TITE	2	1,417	+	1,558	GANA	2
F	México	Juan Carlos OSORIO	15	1,305	----	783	pierde	0

Grupo	País	Director Técnico	Rank	Puntos AJ2	Ajuste Juego3	Puntos AJ3	Expectativa Juego4	Resultado
G	Bélgica	Roberto MARTINEZ	3	1,869	+	2,056	GANA	3
H	Japón	Akira NISHINO	61	688	--	550	pierde	2

Grupo	País	Director Técnico	Rank	Puntos AJ2	Ajuste Juego3	Puntos AJ3	Expectativa Juego4	Resultado
F	Suecia	Janne ANDERSSON	24	871	++++	1,220	pierde	1
E	Suiza	Vladimir PETKOVIC	6	1,451	+	1,596	GANA	0

Grupo	País	Director Técnico	Rank	Puntos AJ2	Ajuste Juego3	Puntos AJ3	Expectativa Juego4	Resultado
H	Colombia	Jose PEKERMAN	16	1,104	+	1,215	pierde	1 (3)
G	Inglaterra	Gareth SOUTHGATE	13	1,386	-	1,247	GANA	1 (4)

Podemos observar que, a pesar de los apuros que pasaron Zlatko DALIC de Croacia y Gareth SOUTHGATE de Inglaterra para vencer a sus rivales en penales y avanzar a la siguiente ronda, solo en dos de los ocho encuentros no se cumplió con la expectativa ajustada.

Por tanto, centraremos nuestra atención en esos dos duelos: Fernando HIERRO de España fue eliminado por Stanislav CHERCHESOV de Rusia y Vladimir PETKOVIC de Suiza fue eliminado por Janne ANDERSSON de Suecia. Y nos concentraremos en un nuevo elemento: el diseño de la estrategia.

El diseño de la estrategia[4] consiste en establecer la combinación de recursos más adecuados que ofrezcan una mayor probabilidad de cumplir con la meta y es necesario considerar lo siguiente:

a) Analizar los recursos disponibles, tanto de nuestro equipo como de los posibles contendientes, al igual que los detalles del espacio y tiempo en el que actuaremos.
b) Generar diferentes combinaciones de los recursos disponibles y valorarlas a la luz de la meta definida, para elegir una y comprometernos completamente con ella.

España 1 (3) – 1 (4) Rusia

Grupo	País	Director Técnico	Rank	Puntos AJ2	Ajuste Juego3	Puntos AJ3	Expectativa Juego4	Resultado
B	España	Fernando HIERRO	10	1,362	-	1,226	GANA	1 (3)
A	Rusia	Stanislav CHERCHESOV	70	704	-	633	pierde	1 (4)

De acuerdo con la expectativa ajustada, la ventaja de Fernando HIERRO de España sobre Stanislav CHERCHESOV de Rusia era de casi dos a uno: 1,226 puntos contra 633 puntos. Y si bien el equipo soviético contaba con el apoyo de jugar como local, la diferencia en puntos de los ibéricos era tan amplia que casi era impensable algo diferente a su victoria.

---

[4] Vega Báez, José Manuel (2002). Rumbo a la Cima. México, Ediciones Selectas Diamante.

Pero al analizar el diseño de la estrategia de juego de Fernando HIERRO de España a lo largo del certamen podemos darnos cuenta de algo muy revelador:

España (Rank10) 3 – 3 (Rank4) Portugal

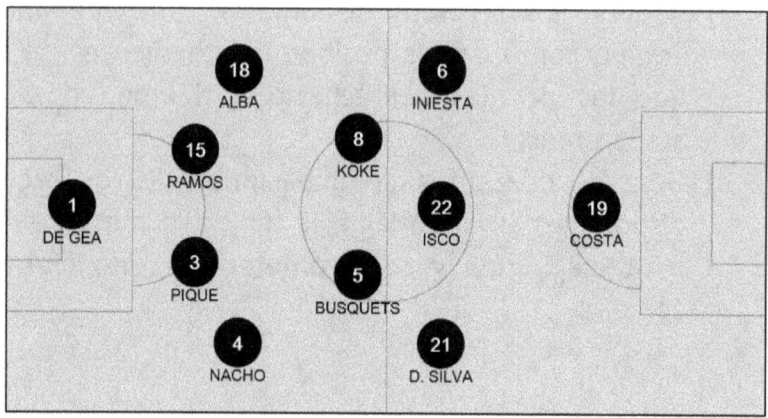

En su primer encuentro contra Fernando SANTOS de Portugal, la selección más fuerte de su grupo y una de las más fuertes del torneo, Fernando HIERRO de España utilizó una formación con cuatro defensas, dos medios defensivos, tres medios ofensivos y un delantero (4-2-3-1), que le redituó un buen resultado de empate a tres goles.

España (Rank10) 1 – 0 (Rank37) Irán

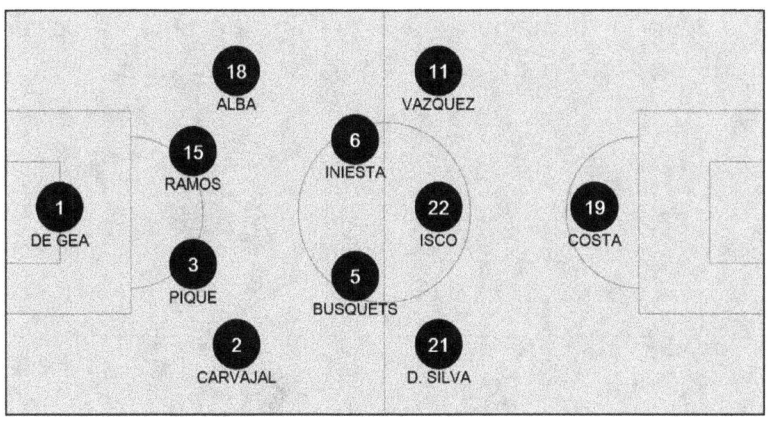

Para su segundo juego contra Carlos QUEIROZ de Irán, una selección mucho más débil, Fernando HIERRO de España repitió la misma formación 4-2-3-1 y también obtuvo un resultado favorable al ganar 1-0.

España (Rank10) 2 – 2 (Rank41) Marruecos

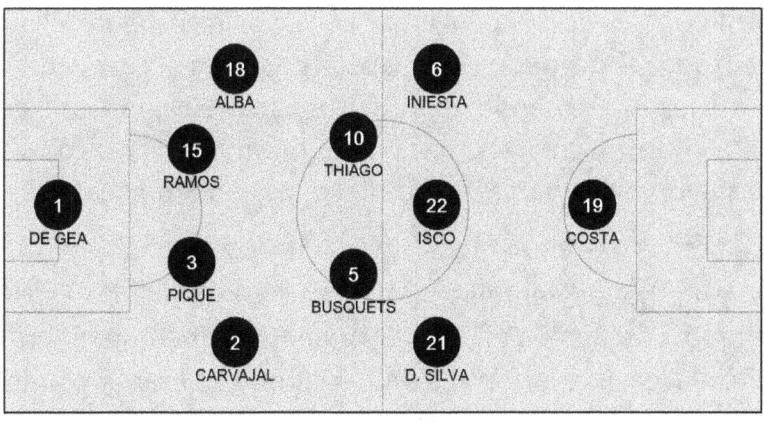

En su tercer encuentro contra Herve RENARD de Marruecos, la selección más débil de su grupo, Fernando HIERRO utilizó de nuevo la formación 4-2-3-1, solo que en esta ocasión le produjo un mal resultado al empatar a dos goles.

España (Rank10) 1 (3) – 1 (4) (Rank70) Rusia

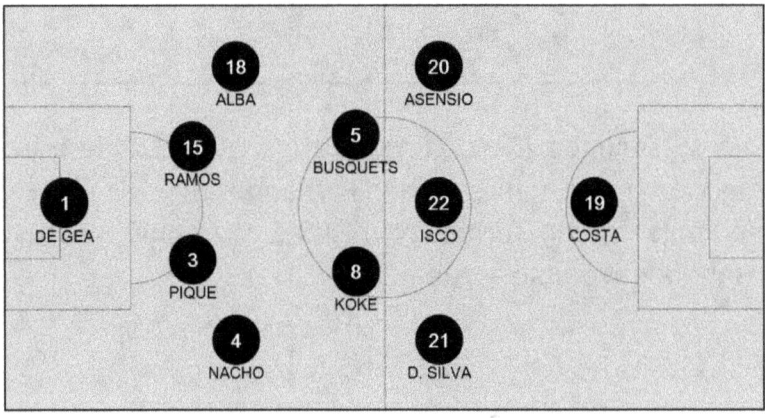

Para su cuarto juego frente a Stanislav CHERCHESOV de Rusia, la selección anfitriona, pero por ranking la más débil de todo el torneo, y no obstante el mal resultado ante Marruecos, Fernando HIERRO de España repitió por cuarta vez la formación 4-2-3-1, que de nuevo le produjo un desfavorable empate y lo llevó a la eliminación 3-4 en penales.

Una de las ventajas que Fernando HIERRO de España le otorgó a Stanislav CHERCHESOV de Rusia fue que no era muy difícil acertar a la formación inicial que utilizaría, con lo que el adversario pudo prepararse para contrarrestarla.

Suiza 0 – 1 Suecia

Grupo	País	Director Técnico	Rank	Puntos AJ2	Ajuste Juego3	Puntos AJ3	Expectativa Juego4	Resultado
F	Suecia	Janne ANDERSSON	24	871	++++	1,220	pierde	1
E	Suiza	Vladimir PETKOVIC	6	1,451	+	1,596	GANA	0

Al igual que en el caso anterior, la expectativa ajustada favorecía de manera clara a Vladimir PETKOVIC de Suiza sobre Janne ANDERSSON de Suecia, pero también encontramos un elemento muy revelador al analizar el diseño de la estrategia de juego a lo largo del torneo por parte de Vladimir PETKOVIC de Suiza:

Suiza (Rank6) 1 – 1 (Rank2) Brasil

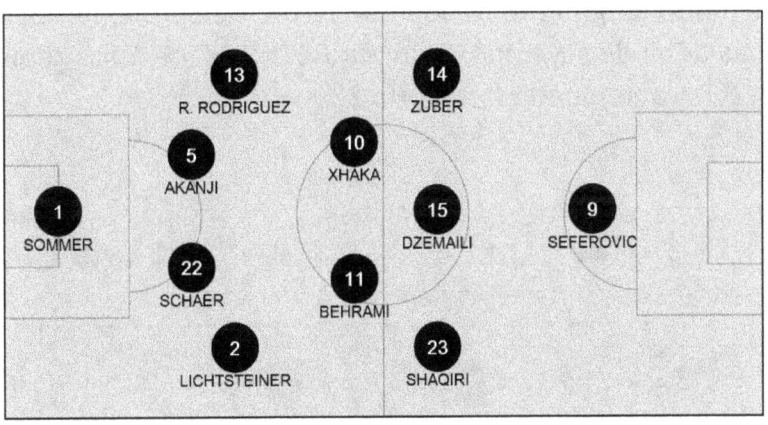

Para su encuentro inaugural ante TITE de Brasil, la selección más fuerte de su grupo y la segunda más fuerte del torneo, Vladimir PETKOVIC de Suiza utilizó una formación con cuatro defensas, dos medios defensivos, tres medios ofensivos y un delantero (4-2-3-1), que le reportó un resultado favorable de empate a un gol.

Suiza (Rank6) 2 – 1 (Rank34) Serbia

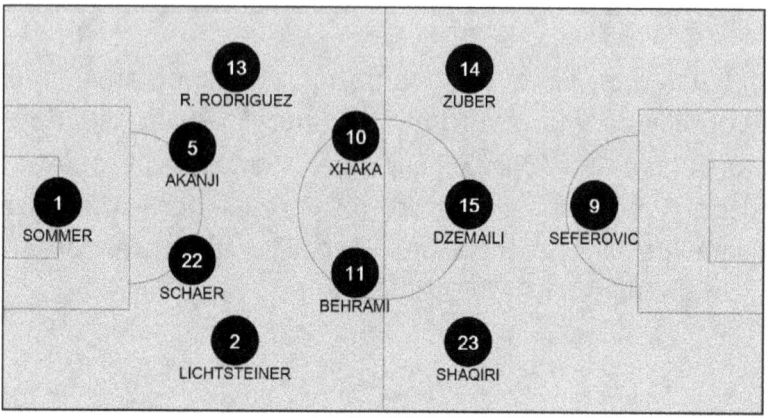

Dado el buen resultado de su primera formación, en su segundo juego ante Mladen KRSTAJIC de Serbia, la selección más débil de su grupo, Vladimir PETKOVIC de Suiza repitió el 4-2-3-1 obteniendo la victoria 2-1.

Suiza (Rank6) 2 – 2 (Rank23) Costa Rica

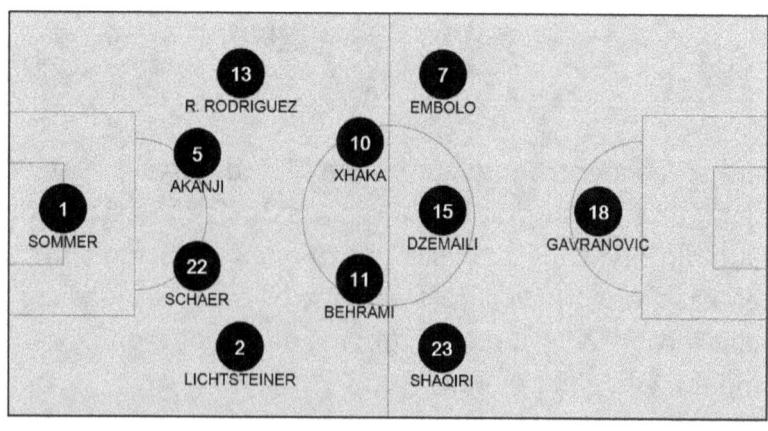

Para su tercer encuentro ante Oscar RAMIREZ de Costa Rica, una selección mucho más débil, Vladimir PETKOVIC de Suiza repitió la formación 4-2-3-1, solo que en esta oportunidad le redituó un resultado desfavorable al empatar a dos goles.

Suiza (Rank6) 0 – 1 (Rank24) Suecia

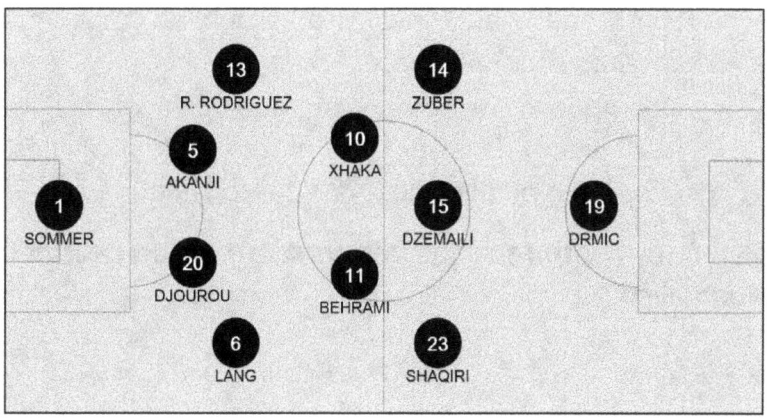

En su cuarto encuentro frente a Janne ANDERSSON de Suecia, una selección casi de la misma fuerza que Costa Rica, y a pesar del mal resultado de ese partido, Vladimir PETKOVIC de Suiza presentó por cuarta ocasión la misma formación 4-2-3-1, obteniendo un resultado más desfavorable que el anterior y, por consiguiente, su eliminación del torneo.

Y al igual que en el caso de Fernando HIERRO de España frente a Stanislav CHERCHESOV de Rusia, una de las grandes ventajas que le otorgó Vladimir PETKOVIC de Suiza a Janne ANDERSSON de Suecia fue que era relativamente sencillo predecir la formación con la que arrancaría el encuentro, dándole a su rival la posibilidad de preparar su neutralización.

Es asombrosa la similitud entre los casos de Fernando HIERRO de España y Vladimir PETKOVIC de Suiza:

- Ambos utilizaron la misma formación 4-2-3-1 en su primer juego y obtuvieron empates favorables ante equipos más fuertes.
- Los dos repitieron la formación 4-2-3-1 en su segundo encuentro y ganaron frente a rivales más débiles.
- Ambos usaron el mismo 4-2-3-1 para su tercer compromiso ante rivales más débiles y salieron mal librados con un empate.
- Sin importar ese tercer resultado desfavorable, los dos insistieron con el 4-2-3-1 enfrentando a rivales más débiles en octavos de final y fueron eliminados.

Resulta evidente redactar una **tercera Lección de Liderazgo Mundialista:**

> Adecuar la estrategia de juego no garantiza el éxito, pero repetir siempre la misma estrategia invariablemente conduce al caos.

Por cierto, ¿cómo lucen los encuentros de la fase de cuartos de final?

Grupo	País	Director Técnico	Rank	Puntos AJ3	Ajuste Juego4	Puntos AJ4	Expectativa Juego5
A	Uruguay	Oscar TABAREZ	14	1,478	+	1,626	GANA
C	Francia	Didier DESCHAMPS	7	1,305	+	1,435	pierde

Grupo	País	Director Técnico	Rank	Puntos AJ3	Ajuste Juego4	Puntos AJ4	Expectativa Juego5
E	Brasil	TITE	2	1,558	+	1,714	pierde
G	Bélgica	Roberto MARTINEZ	3	2,056	+	2,262	GANA

Grupo	País	Director Técnico	Rank	Puntos AJ3	Ajuste Juego4	Puntos AJ4	Expectativa Juego5
F	Suecia	Janne ANDERSSON	24	1,220	++	1,464	GANA
G	Inglaterra	Gareth SOUTHGATE	13	1,247	+	1,372	pierde

Grupo	País	Director Técnico	Rank	Puntos AJ3	Ajuste Juego4	Puntos AJ4	Expectativa Juego5
A	Rusia	Stanislav CHERCHESOV	70	633	++	760	pierde
D	Croacia	Zlatko DALIC	20	1,601	+	1,761	GANA

¿Qué te parece? En el siguiente capítulo analizaremos los resultados de estos enfrentamientos.

Reflexiones personales sobre el tema de estrategia de juego

1. ¿Soy capaz de identificar la mejor estrategia para mi equipo en función de la meta que tenemos que conseguir?
2. ¿Tengo claro que el diseño de la estrategia debe contemplar los recursos disponibles de mi equipo?
3. ¿Pero que también debe contemplar los recursos disponibles de los grupos de interés con los que interactuamos?
4. ¿Y de igual manera los detalles del espacio y del tiempo en el que estaremos desarrollando la estrategia?
5. ¿Estoy dispuesto a modificar el diseño de la estrategia en función de los cambios relevantes que sufran los puntos anteriores?

Capítulo 07: Lecciones de los Cuartos de Final

Los partidos de cuartos de final arrojaron los siguientes resultados:

Grupo	País	Director Técnico	Rank	Puntos AJ3	Ajuste Juego4	Puntos AJ4	Expectativa Juego5	Resultado
A	Uruguay	Oscar TABAREZ	14	1,478	+	1,626	GANA	0
C	Francia	Didier DESCHAMPS	7	1,305	+	1,435	pierde	2
E	Brasil	TITE	2	1,558	+	1,714	pierde	1
G	Bélgica	Roberto MARTINEZ	3	2,056	+	2,262	GANA	2
F	Suecia	Janne ANDERSSON	24	1,220	++	1,464	GANA	0
G	Inglaterra	Gareth SOUTHGATE	13	1,247	+	1,372	pierde	2
A	Rusia	Stanislav CHERCHESOV	70	633	++	760	pierde	2 (3)
D	Croacia	Zlatko DALIC	20	1,601	+	1,761	GANA	2 (4)

Sin duda que después de estos encuentros tenemos más evidencias para respaldar la validez del proceso de conducción de equipos que propusimos desde el inicio del libro, el cual determina el éxito o fracaso del ejercicio de liderazgo, en este caso responsabilidad de los Directores Técnicos de cada selección nacional.

Revisemos los dos enfrentamientos en los que los favoritos no cumplieron con la expectativa ajustada ganadora y, por tanto, quedaron fuera: Oscar TABAREZ de Uruguay y Janne ANDERSSON de Suecia.

Para ello haremos uso del elemento que analizamos en el capítulo anterior: el diseño de la estrategia, al cual le agregaremos la retroalimentación oportuna[5] que consiste en comparar lo que está sucediendo contra lo que debería de suceder, a fin de detectar si hay desviaciones, en cuyo caso la corrección debe hacerse lo más rápido posible.

Y si para nuestro caso partimos de la base que al inicio de un partido existen igualdad de circunstancias para los dos Directores Técnicos contendientes en lo que respecta al tiempo disponible, los jugadores en la cancha y el marcador, serán aquellos eventos que durante el juego afecten de manera negativa a estos tres factores los que prioritariamente demanden una retroalimentación oportuna, por ejemplo: la excesiva posesión del balón por parte del contrario, la lesión, amonestación o expulsión de un jugador, y la más importante de todas: una anotación en contra. Con estos factores en mente, comencemos nuestro análisis:

---

[5] Vega Báez, José Manuel (2002). Rumbo a la Cima. México, Ediciones Selectas Diamante.

Uruguay 0 – 2 Francia

Grupo	País	Director Técnico	Rank	Puntos AJ3	Ajuste Juego4	Puntos AJ4	Expectativa Juego5	Resultado
A	Uruguay	Oscar TABAREZ	14	1,478	+	1,626	GANA	0
C	Francia	Didier DESCHAMPS	7	1,305	+	1,435	pierde	2

Manejo de expectativas: a pesar de tener un menor ranking inicial, con base en el desempeño de los primeros cuatro juegos en los que obtuvo el mismo número de victorias, Oscar TABAREZ de Uruguay aventajaba a Didier DESCHAMPS de Francia en 13% (1,626 entre 1,435).

Estrategia de juego: revisando de manera gráfica el planteamiento de Oscar TABAREZ de Uruguay en sus primeros cuatro encuentros, todos ellos ganados, podemos observar que utilizó dos formaciones distintas: una contra Egipto, Arabia Saudí y Portugal, y otra contra Rusia, situación que podía generar cierto grado de incertidumbre en Didier DESCHAMPS de Francia respecto a la formación que utilizaría en su contra, que a la postre fue la misma que había repetido tres veces.

Uruguay (Rank14) 1 – 0 (Rank45) Egipto

Uruguay (Rank14) 1 – 0 (Rank67) Arabia Saudí

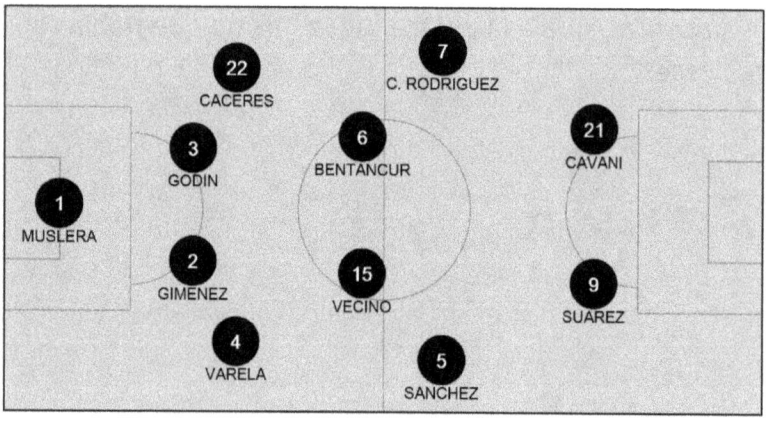

Uruguay (Rank14) 3 – 0 (Rank70) Rusia

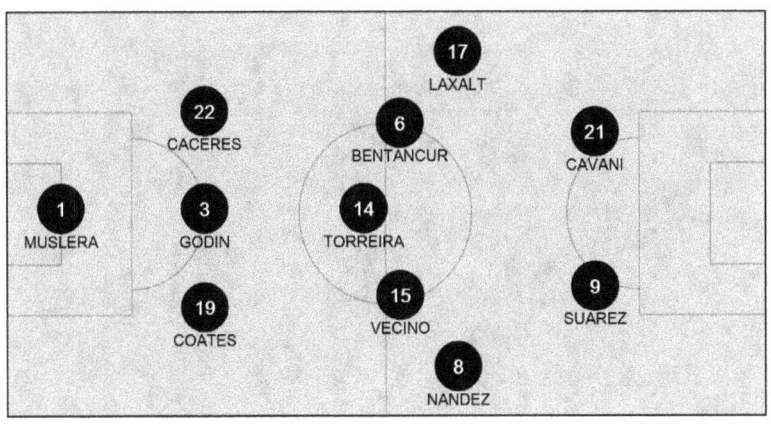

Uruguay (Rank14) 2 – 1 (Rank4) Portugal

Uruguay (Rank14) 0 – 2 (Rank7) Francia

Retroalimentación oportuna: fue un partido muy parejo y ríspido que originó en el minuto 33 la amonestación de Lucas HERNANDEZ de Francia y en el minuto 38 la amonestación de Rodrigo BETANCUR de Uruguay. El equilibro se rompió en el minuto 40 cuando la escuadra gala anotó en una jugada a balón parado por conducto de Raphael VARANE. Cuatro minutos después Uruguay reaccionó, pero en un lance extraordinario el portero francés Hugo LLORIS detuvo el remate de Diego GODIN. El juego siguió adelante y en el minuto 59 Oscar TABAREZ de Uruguay hizo dos cambios. Sin embargo, en el minuto 61 cayó el segundo gol de Francia, producto de un error del guardameta uruguayo Fernando MUSLERA. El descontrol del equipo sudamericano siguió haciéndose patente con la amonestación de Cristian RODRIGUEZ al minuto 69. Finalmente, en el minuto 73 Oscar TABAREZ de Uruguay mandó su tercer cambio, pero Didier DESCHAMPS de Francia controló muy bien el encuentro haciendo sus tres cambios en los minutos 80, 88 y 93.

Conclusión: Oscar TABAREZ de Uruguay frente a Didier DESCHAMPS de Francia incumplió con la expectativa ajustada ganadora, su estrategia de juego fue aceptable, pero falló rotundamente en la retroalimentación oportuna, quizá porque con la primera anotación de los franceses al minuto 40 fue la primera ocasión en todo el torneo en que estuvo abajo en el marcador, desconcierto que le provocó una demora de 19 minutos para realizar el primer ajuste importante con dos cambios. Ese desconcierto también lo experimentaron sus jugadores, siendo el hecho más evidente el error de su portero que le dio el segundo y definitivo gol a los franceses.

Suecia 0 – 2 Inglaterra

Grupo	País	Director Técnico	Rank	Puntos AJ3	Ajuste Juego4	Puntos AJ4	Expectativa Juego5	Resultado
F	Suecia	Janne ANDERSSON	24	1,220	++	1,464	GANA	0
G	Inglaterra	Gareth SOUTHGATE	13	1,247	+	1,372	pierde	2

Manejo de expectativas: de los cuatro enfrentamientos de cuartos de final este era el encuentro más cerrado, ya que solo existía una diferencia en la expectativa ajustada de 7% (1,464 entre 1,372) favorable a Janne ANDERSSON de Suecia sobre Gareth SOUTHGATE de Inglaterra. Esa pequeña ventaja se originó en el cuarto partido cuando Suecia venció a Suiza, la selección con expectativa ajustada ganadora para ese encuentro, por lo que resulta interesante observar que si Suecia e Inglaterra se hubieran enfrentado en la ronda previa, la expectativa ajustada hubiera sido favorable al equipo inglés en 2%.

Estrategia de juego: al revisar de forma gráfica nos damos cuenta que Janne ANDERSSON de Suecia siempre utilizó la misma formación en sus primeros cuatro encuentros frente a Corea, Alemania, México y Suiza, en los cuales logró tres triunfos y una derrota, por lo cual era bastante predecible que de nuevo saliera al terreno de juego frente a Gareth SOUTHGATE de Inglaterra con el mismo planteamiento. Y así sucedió.

Suecia (Rank24) 1 – 0 (Rank57) Corea

Suecia (Rank24) 1 – 2 (Rank1) Alemania

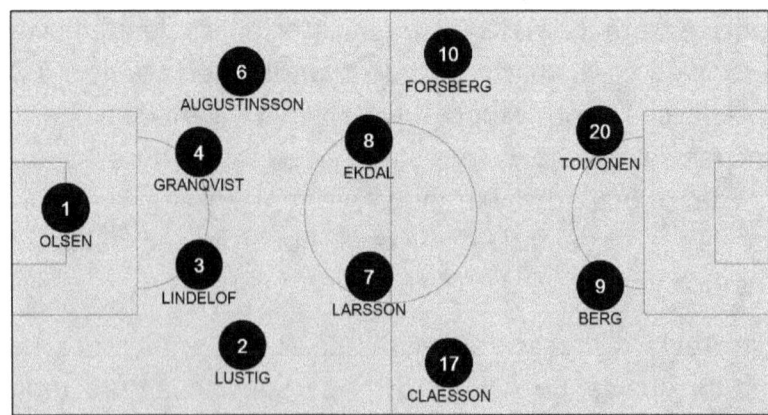

Suecia (Rank24) 3 – 0 (Rank15) México

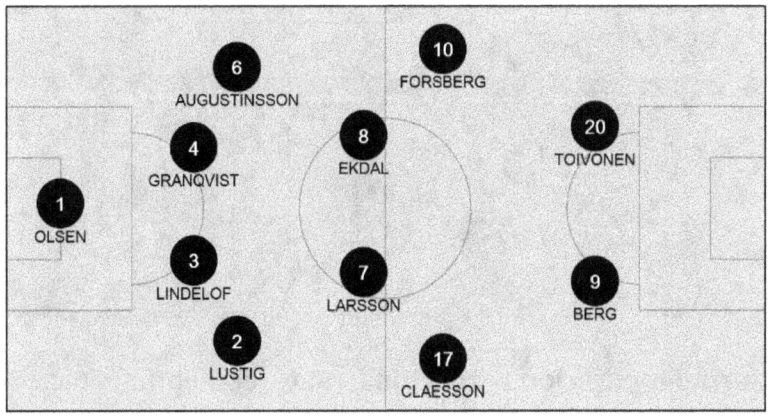

Suecia (Rank24) 1 – 0 (Rank6) Suiza

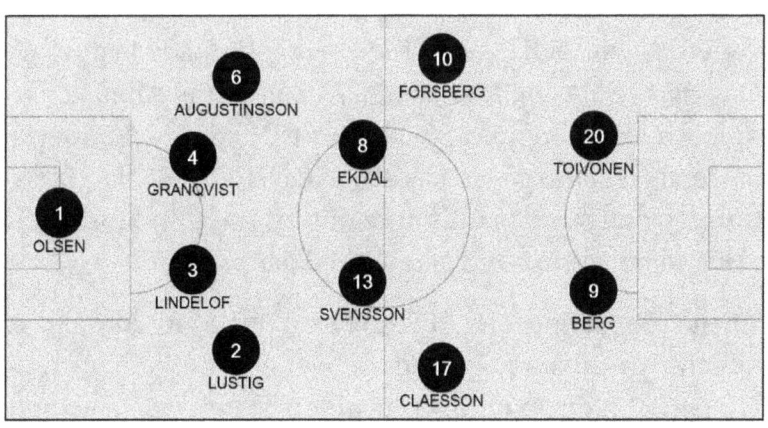

Suecia (Rank24) 0 – 2 (Rank13) Inglaterra

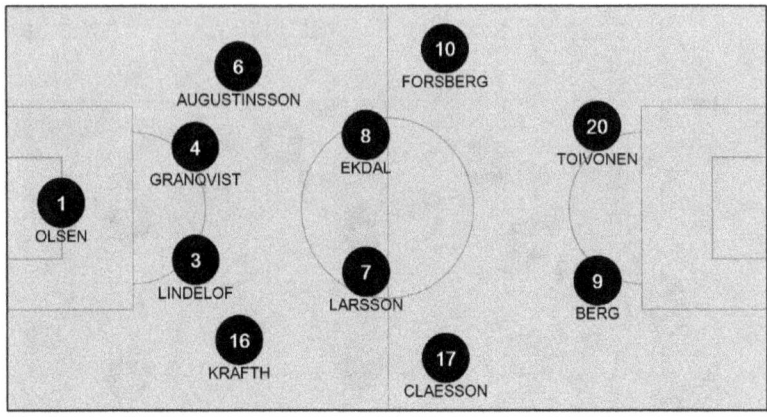

Retroalimentación oportuna: el equilibrio inicial del encuentro se perdió al minuto 30 cuando en un tiro de esquina favorable a Inglaterra, Harry MAGUIRE anotó el primer gol. Janne ANDERSSON de Suecia no hizo algún ajuste significativo. En el minuto 59 Delle ALLI marcó el segundo gol para los ingleses, lo que originó que seis minutos después, al minuto 65, Janne ANDERSSON de Suecia mandara sus dos primeros cambios, que fueron respondidos por Gareth SOUTHGATE de Inglaterra con un cambio al minuto 77. Más adelante, en el minuto 85 Janne ANDERSSON de Suecia hizo su tercer cambio y Gareth SOUTHGATE de Inglaterra contestó con sus dos últimos cambios en los minutos 85 y 91, lo que le permitió controlar el final del partido.

Conclusión: Janne ANDERSSON de Suecia no cumplió con la expectativa ajustada ganadora y fue eliminado por Gareth SOUTHGATE de Inglaterra, a quien le otorgó la ventaja de anticiparle su estrategia de juego, que nunca modificó en sus cinco partidos. Además que al igual que en el ejemplo anterior de Uruguay contra Francia, falló de forma contundente en la retroalimentación oportuna, de nuevo quizá porque al recibir el primer gol de los ingleses en el minuto 30 fue la primera vez que en el certamen su equipo se encontraba abajo en el marcador. Pasaron 29 largos minutos sin que Janne ANDERSSON de Suecia hiciera alguna corrección mayor y cayó el segundo gol de Inglaterra. Los ajustes de Janne ANDERSSON de Suecia por fin comenzaron a llegar al minuto 65, es decir, 35 minutos después del primer gol, pero demasiado tarde para que pudieran surtir efecto frente a alguien tan experimentado como Gareth SOUTHGATE de Inglaterra.

Con base en los dos encuentros analizados podemos redactar la **cuarta Lección de Liderazgo Mundialista:**

La retroalimentación oportuna no garantiza el éxito, pero demorar la corrección de desviaciones invariablemente conduce al caos.

Ya solo quedan cuatro equipos y así se presentan las semifinales:

Grupo	País	Director Técnico	Rank	Puntos AJ4	Ajuste Juego5	Puntos AJ5	Expectativa Juego6
C	Francia	Didier DESCHAMPS	7	1,435	++	1,722	pierde
G	Bélgica	Roberto MARTINEZ	3	2,262	+	2,488	GANA

Grupo	País	Director Técnico	Rank	Puntos AJ4	Ajuste Juego5	Puntos AJ5	Expectativa Juego6
D	Croacia	Zlatko DALIC	20	1,761	+	1,937	GANA
G	Inglaterra	Gareth SOUTHGATE	13	1,372	++	1,647	pierde

En el siguiente capítulo analizaremos los resultados.

Reflexiones personales sobre el tema de retroalimentación oportuna

1. ¿He dispuesto los medios adecuados y los tiempos propicios para detectar si hay desviaciones en el desempeño de mi equipo?
2. ¿Qué tan rápido me doy cuenta de las desviaciones en el desempeño de mi equipo?
3. ¿Qué tan rápido tomo las medidas para corregir las desviaciones en el desempeño de mi equipo?
4. ¿Me queda claro que la "rapidez" de la que hablamos es relativa a la duración del ciclo de operación de mi equipo?
5. ¿Estoy consciente que la corrección puede hacerse en las acciones, pero también puede llevarse a cabo en los planes y las estrategias?

Capítulo 08: Lecciones de las Semifinales

Grupo	País	Director Técnico	Rank	Puntos AJ4	Ajuste Juego5	Puntos AJ5	Expectativa Juego6	Resultado
C	Francia	Didier DESCHAMPS	7	1,435	++	1,722	pierde	1
G	Bélgica	Roberto MARTINEZ	3	2,262	+	2,488	GANA	0

Grupo	País	Director Técnico	Rank	Puntos AJ4	Ajuste Juego5	Puntos AJ5	Expectativa Juego6	Resultado
D	Croacia	Zlatko DALIC	20	1,761	+	1,937	GANA	2
G	Inglaterra	Gareth SOUTHGATE	13	1,372	++	1,647	pierde	1

Dos excelentes partidos que nos dan la oportunidad de agregar a nuestro acervo de liderazgo mundialista un cuarto elemento: el sistema de juego, que enriquecerá a los tres que hemos estudiado con anterioridad: expectativas, estrategia y retroalimentación.

Todos los sistemas de "juego" (en cualquier ámbito) pueden ser analizados a partir de sus resultados y de sus procesos, a través de indicadores claves *(Key Result Indicators y Key Performance Indicators)*. Para nuestro caso hemos seleccionado los siguientes:

- Posesión del balón: porcentaje del tiempo de juego que un equipo controla el esférico.
- Precisión de pases: porcentaje de las entregas de balón entre los jugadores de un mismo equipo que son acertadas.
- Oportunidades de gol: número de ocasiones en que un equipo llega al marco del rival.
- Marcador final: número de goles por equipo en el tiempo total de juego, sin contar penales.
- Efectividad M/O: resultado de dividir los goles de un equipo entre las oportunidades de ese mismo equipo.

Es importante señalar para nuestro caso particular que cuando el valor de cualquiera de los indicadores anteriores es igual a cero resulta prácticamente imposible el triunfo de un equipo.

Una vez dicho lo anterior, hagamos el análisis del encuentro en el que Roberto MARTINEZ de Bélgica no cumplió con la expectativa de avanzar a la gran final.

Bélgica 0 – 1 Francia

Grupo	País	Director Técnico	Rank	Puntos AJ4	Ajuste Juego5	Puntos AJ5	Expectativa Juego6	Resultado
C	Francia	Didier DESCHAMPS	7	1,435	++	1,722	pierde	1
G	Bélgica	Roberto MARTINEZ	3	2,262	+	2,488	GANA	0

Manejo de expectativas: Roberto MARTINEZ de Bélgica aventajaba en 44% a Didier DESCHAMPS de Francia (2,488 entre 1,722) y sin embargo incumplió con la expectativa de ganar.

Estrategia de juego: al revisar los gráficos de las formaciones iniciales empleadas por Roberto MARTINEZ de Bélgica en sus cinco primeros partidos, encontramos que utilizó dos esquemas diferentes: uno frente a Panamá y otro que repitió en sus siguientes cuatro juegos contra Túnez, Inglaterra, Japón y Brasil, obteniendo cinco victorias al hilo y con esa marca perfecta llegando como favorito a la semifinal, en la que sorprendió utilizando un planteamiento completamente nuevo al enfrentar a Didier DESCHAMPS de Francia.

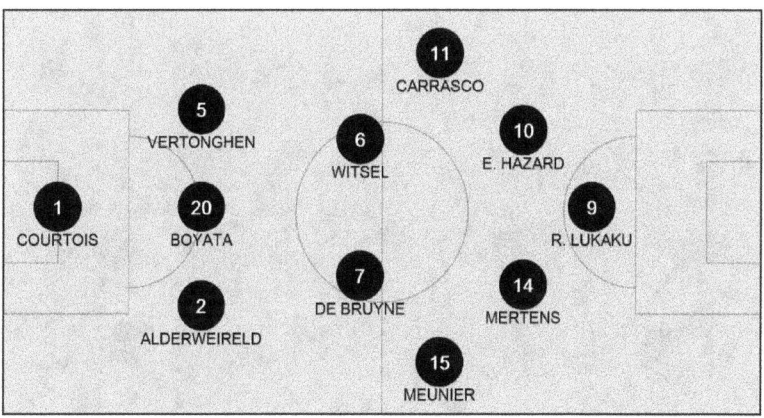

Bélgica (Rank3) 3 – 0 (Rank55) Panamá

Bélgica (Rank3) 5 – 2 (Rank21) Túnez

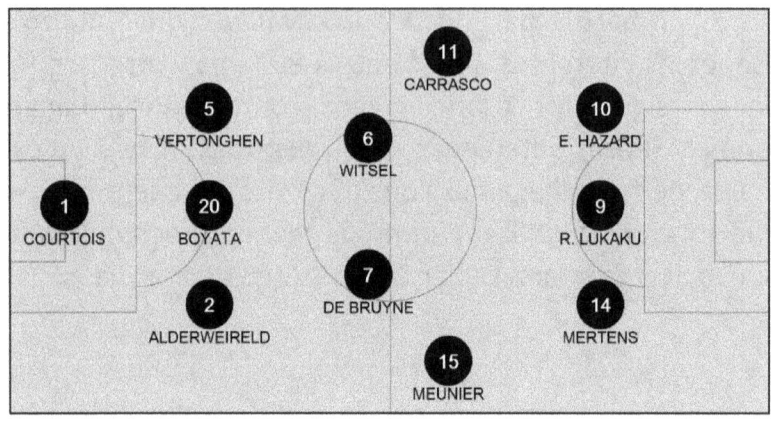

Bélgica (Rank3) 1 – 0 (Rank13) Inglaterra

Bélgica (Rank3) 3 – 2 (Rank61) Japón

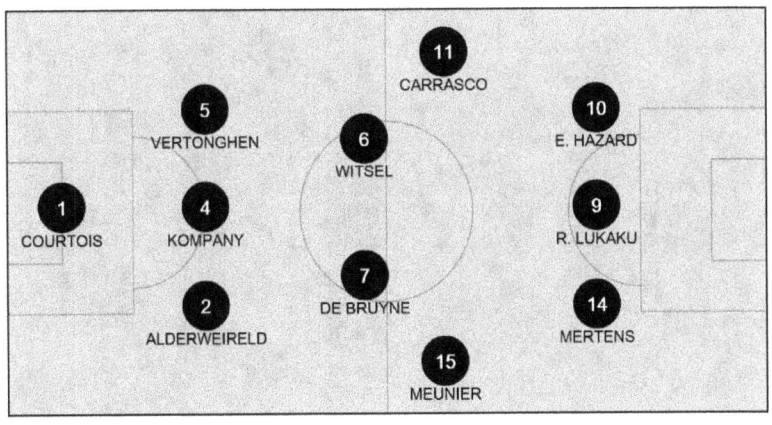

Bélgica (Rank3) 2 – 1 (Rank2) Brasil

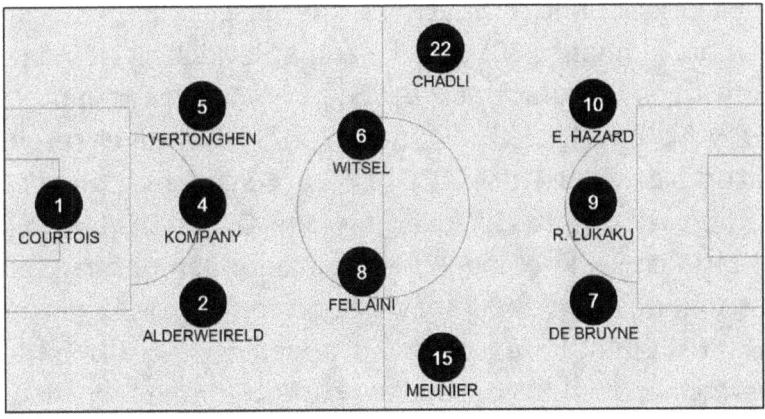

Bélgica (Rank3) 0 – 1 (Rank7) Francia

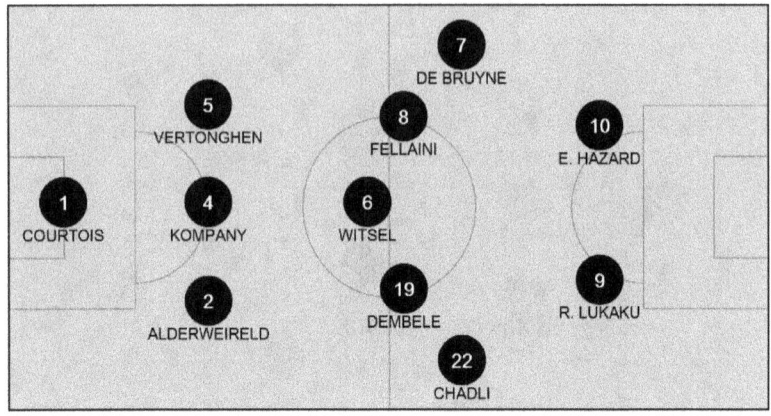

Retroalimentación oportuna: un encuentro bastante parejo que se desequilibró hasta el minuto 51 con un tiro de esquina que el francés Samuel UNTITI remató para convertir en el primer y único gol del partido. Ante ese nuevo escenario Roberto MARTINEZ de Bélgica hizo su primer cambio al minuto 60, pero su equipo evidenció desconcierto con las amonestaciones de Eden HAZARD al minuto 63 y Toby ALDERWEIRELD al minuto 71. Al no obtener resultados favorables, Roberto MARTINEZ de Bélgica hizo su segundo cambio al minuto 80, mientras que Didier DESCHAMPS de Francia controló el juego y el marcador con dos cambios en los minutos 85 y 86. Todavía Roberto MARTINEZ de Bélgica hizo un último intento con su tercer cambio al minuto 91, pero cinco minutos después el partido terminó, no sin antes ser amonestado el belga Jan VERTONGHEN en el minuto 94.

Sistema de juego: revisemos los indicadores previamente seleccionados.

Juego	Equipo Rank 3	Rival	Rank	Posesión del balón	Precisión de pases	Oportunidades de gol	Marcador final	Efectividad M/O
1	Bélgica	Panamá	55	61% - 39%	89% - 82%	15 - 6	3 - 0	20% - 0%
2	Bélgica	Túnez	21	52% - 48%	84% - 82%	23 - 15	5 - 2	22% - 13%
3	Bélgica	Inglaterra	13	52% - 48%	88% - 88%	15 - 13	1 - 0	7% - 0%
4	Bélgica	Japón	61	56% - 44%	87% - 83%	24 - 11	3 - 2	13% - 18%
5	Bélgica	Brasil	2	43% - 57%	83% - 89%	8 - 26	2 - 1	25% - 4%
		PROMEDIO		53% - 47%	86% - 85%	17.0 - 14.2	2.8 - 1.0	16% - 7%
6	Bélgica	Francia	7	60% - 40%	90% - 86%	9 - 19	0 - 1	0% - 5%

En los primeros cinco juegos de Roberto MARTINEZ de Bélgica observamos lo siguiente:

- Posesión del balón: salvo contra Brasil, siempre tuvo mayor posesión que sus rivales, promediando 53%.
- Precisión de pases: de nuevo, salvo contra Brasil, su precisión fue igual o mayor a la de sus rivales, promediando 86%.
- Oportunidades de gol: otra vez, excepto contra Brasil, siempre generó más oportunidades que sus rivales, promediando 17.0
- Marcador final: ganó los cinco partidos, anotando 14 goles y recibiendo 5, promediando por juego 2.8 goles anotados y 1.0 goles recibidos.
- Efectividad M/O: solo contra Japón fue menos efectivo y llama la atención que contra Brasil tuvo su mejor efectividad (25%), es decir que anotó gol una de cada cuatro veces que tuvo la oportunidad de hacerlo, promediando en los cinco juegos 16%, o sea, un gol por cada seis oportunidades.

Al revisar el sexto juego de Roberto MARTINEZ de Bélgica frente a Didier DESCHAMPS de Francia notamos lo siguiente:

- Posesión del balón: superó su promedio de 53% al tener el 60% del tiempo el esférico en su poder, solo menor al 61% que logró frente a Panamá.
- Precisión de pases: con 90% fue el encuentro en el que estuvo más acertado, por encima de su promedio de 86%.
- Oportunidades de gol: pese a los dos indicadores anteriores favorables, solo generó 9 oportunidades; no solo 10 menos que su rival, sino casi la mitad de su promedio por partido de 17.0
- Marcador final: no obstante a su registro de haber ganado todos sus partidos y su promedio de 2.8 goles por juego, por primera vez en el torneo no pudo anotar gol y perdió 0-1.
- Efectividad M/O: con 0% fue su peor desempeño y con solo haber mantenido su promedio de 16%, hubiera convertido en gol alguna de las 9 oportunidades que se le presentaron.

Conclusión: Roberto MARTINEZ de Bélgica ante Didier DESCHAMPS de Francia incumplió con la expectativa ajustada de favorito. Por un lado sorprendió al utilizar una estrategia de juego completamente nueva en el torneo y en general operó una retroalimentación correcta y oportuna. Pero si bien esta combinación de estrategia y retroalimentación le dio más posesión del balón, le resultó contraproducente al generarle menos oportunidades de gol y, por otra parte, la mejor precisión de pases que tuvo su equipo contrastó con la menor efectividad al ser incapaces de anotar, con lo que quedó fuera de la gran final y disputará frente a Gareth SOUTHGATE de Inglaterra el tercer lugar del certamen.

Es momento de redactar la **quinta Lección de Liderazgo Mundialista:**

Un sistema de juego funcional no garantiza el éxito, pero uno falto de efectividad invariablemente conduce al caos.

A continuación el partido por el tercer lugar:

Grupo	País	Director Técnico	Rank	Puntos AJ5	Ajuste Juego6	Puntos AJ6	Expectativa Juego7
G	Bélgica	Roberto MARTINEZ	3	2,488	--	1,990	GANA
G	Inglaterra	Gareth SOUTHGATE	13	1,647	-	1,482	pierde

Y enseguida el partido por la Gran Final:

Grupo	País	Director Técnico	Rank	Puntos AJ5	Ajuste Juego6	Puntos AJ6	Expectativa Juego7
C	Francia	Didier DESCHAMPS	7	1,722	++	2,067	pierde
D	Croacia	Zlatko DALIC	20	1,937	+	2,131	GANA

Reflexiones personales sobre el tema de sistema de juego

1. ¿Mi equipo cuenta con un "sistema de juego", es decir, un esquema de funcionamiento claro y conocido por todos sus integrantes?
2. ¿Tengo definidos para mi equipo indicadores clave de resultados y de procesos *(Key Result Indicators y Key Performance Indicators)*?
3. ¿Cumplen estos indicadores con los requisitos de ser relevantes, específicos y medibles?
4. ¿Comprendo el concepto de sinergia que establece que el todo es mayor a las suma de las partes, privilegiando el trabajo en equipo?
5. ¿Llevo a cabo con mi equipo actividades extra que faciliten la convivencia y promuevan el trabajo en conjunto?

Capítulo 9: Lecciones del juego por el tercer lugar

Roberto MARTINEZ de Bélgica 2 – 0 Gareth SOUTHGATE de Inglaterra

Como este enfrentamiento ya se había presentado en la tercera ronda de la fase de grupos, tenemos la nada frecuente oportunidad de hacer el análisis comparativo de ambos partidos, así que la aprovecharemos, agregando un elemento más: el talento individual, que parte de la selección definitiva de los 23 jugadores con los que los Directores Técnicos decidieron viajar al Campeonato de Rusia.

Expectativa Ajustada

1. Expectativa Ajustada del primer juego Bélgica – Inglaterra

Grupo	País	Director Técnico	Rank	Puntos AJ1	Ajuste Juego2	Puntos AJ2	Expectativa Juego3	Resultado
G	Inglaterra	Gareth SOUTHGATE	13	1,155	++	1,386	pierde	0
G	Bélgica	Roberto MARTINEZ	3	1,558	++	1,869	GANA	1

Roberto MARTINEZ de Bélgica aventajaba en 35% (1,869 entre 1,386) a Gareth SOUTHGATE de Inglaterra.

2. Expectativa Ajustada del segundo juego Bélgica – Inglaterra

Grupo	País	Director Técnico	Rank	Puntos AJ5	Ajuste Juego6	Puntos AJ6	Expectativa Juego7	Resultado
G	Bélgica	Roberto MARTINEZ	3	2,488	--	1,990	GANA	2
G	Inglaterra	Gareth SOUTHGATE	13	1,647	-	1,482	pierde	0

Roberto MARTINEZ de Bélgica aventajaba en 34% (1,990 entre 1,482) a Gareth SOUTHGATE de Inglaterra.

3. Conclusión de la Expectativa Ajustada

En ambos encuentros se cumplió que Roberto MARTINEZ de Bélgica venciera a Gareth SOUTHGATE de Inglaterra.

Estrategia de Juego

1. Estrategia de Juego del primer juego Bélgica – Inglaterra

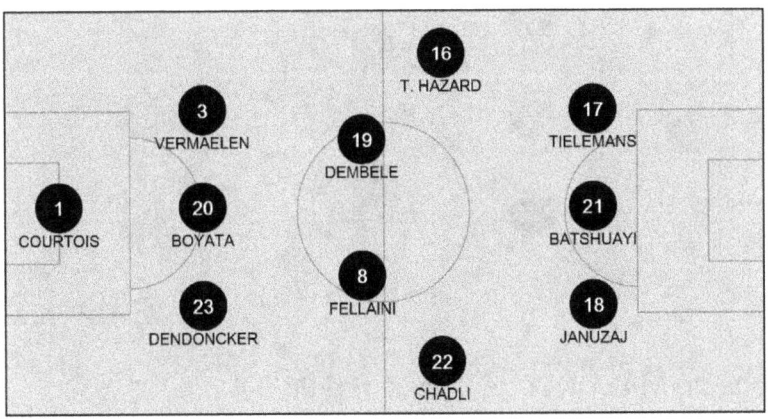

Roberto MARTINEZ de Bélgica utilizó 3-4-3.

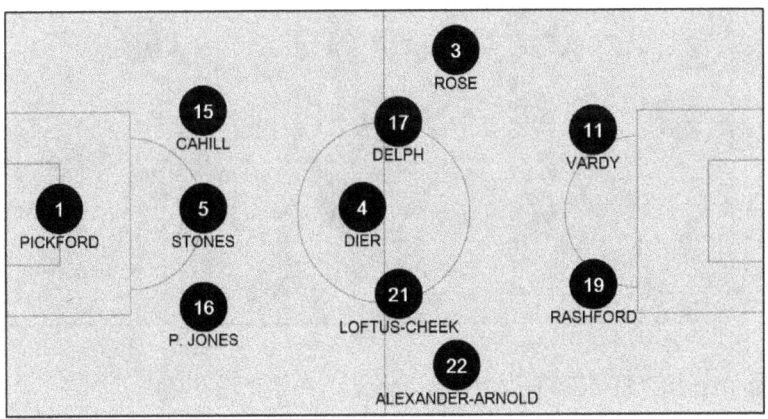

Gareth SOUTHGATE de Inglaterra utilizó 3-5-2.

2. Estrategia de Juego del segundo juego Bélgica – Inglaterra

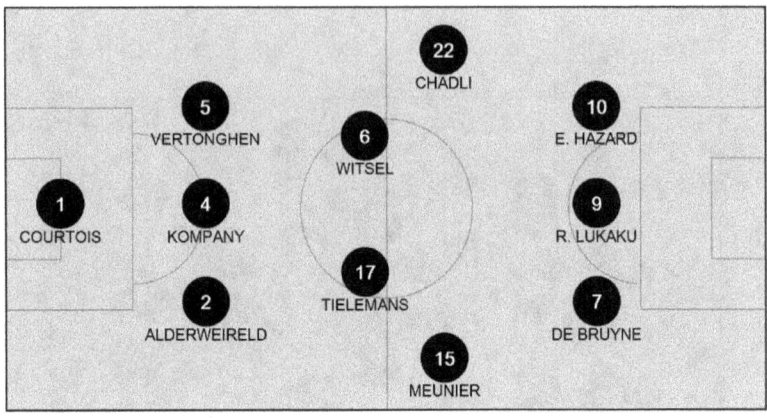

Roberto MARTINEZ de Bélgica repitió 3-4-3.

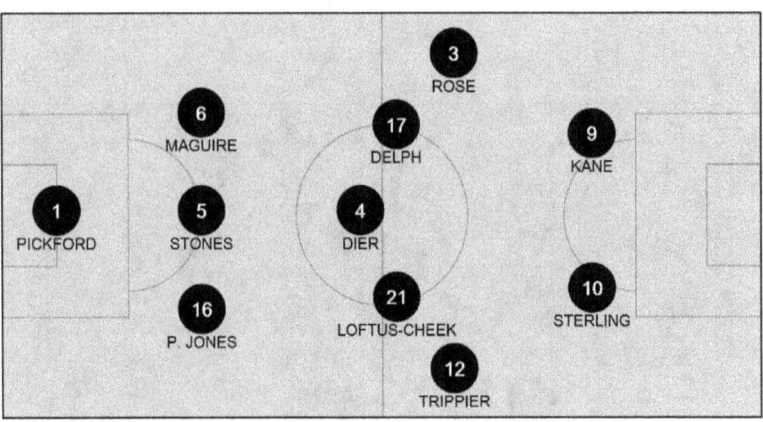

Gareth SOUTHGATE de Inglaterra repitió 3-5-2.

3. Conclusión de la Estrategia de Juego

Fue justificado que Roberto MARTINEZ de Bélgica repitiera la formación del primer juego, pues con ella había vencido. Lo desconcertante fue que Gareth SOUTHGATE de Inglaterra repitiera la misma formación con la que había perdido. Sin embargo, al revisar sus siete partidos en el torneo, nos damos cuenta que Gareth SOUTHGATE de Inglaterra siempre utilizó el mismo esquema inicial, sin importar el rival en turno, algo que ya señalamos como una debilidad que puede ser aprovechada por el adversario.

Retroalimentación Oportuna

1. Retroalimentación Oportuna del primer juego Bélgica – Inglaterra

Ambos equipos eran del Grupo G y llegaron a la tercera ronda de la fase de grupos con dos victorias previas, por lo que ya habían calificado a los octavos de final. Lo que estaba en disputa era quien avanzaría como primer lugar del grupo y quien lo haría como segundo lugar. Este juego comenzó muy parejo, si acaso con cierto nerviosismo de Bélgica que recibió dos amonestaciones en los minutos 19 y 33. Tratando de romper el equilibrio, Gareth SOUTHGATE de Inglaterra envió su primer cambio al regreso del medio tiempo, pero en el minuto 51 Adnan JANUZAJ de Bélgica anotó el primer y único gol del encuentro. En el minuto 74 Roberto MARTINEZ de Bélgica mandó su primer cambio para controlar el encuentro y Gareth SOUTHGATE de Inglaterra contestó con otro cambio al minuto 79, pero ya no hubo variación en el marcador.

2. Retroalimentación Oportuna del segundo juego Bélgica – Inglaterra

Para el partido por el tercer lugar ambos equipos venían de haber sido derrotados en sus respectivas semifinales: Roberto MARTINEZ de Bélgica perdió ante Didier DESCHAMPS de Francia y Gareth SOUTHGATE de Inglaterra ante Zlatko DALIC de Croacia. Y para ambos equipos el tercer lugar significaría la mejor actuación en su historia fuera de su país, ya que Inglaterra fue campeón en el Mundial del que fueron anfitriones en 1966. En este segundo encuentro de nuevo el equipo belga fue el primero en anotar por medio de Thomas MEUNIER, con la diferencia que en esta ocasión lo hizo desde el minuto 4. Y, según lo acostumbrado en juegos anteriores cuando tuvo ventaja, Roberto MARTINEZ de Bélgica mandó su primer cambio al minuto 39. Gareth SOUTHGATE de Inglaterra hizo dos cambios en el medio tiempo, pero al no concretar el empate, los ingleses comenzaron a desestabilizarse recibiendo dos amonestaciones: una al minuto 52 y otra al minuto 72. Mientras tanto Roberto MARTINEZ de Bélgica envió dos cambios: al minuto 60 y al minuto 78, que le redituaron la anotación del segundo y definitivo gol al minuto 82 por conducto de Eden HAZARD. Todavía en el minuto 84 Gareth SOUTHGATE de Inglaterra hizo un último intento por emparejar las cosas, pero fue infructuoso.

3. Conclusión de la Retroalimentación Oportuna

Se puede apreciar que en ambos encuentros Gareth SOUTHGATE de Inglaterra se demoró demasiado en sus primeros ajustes, que además no fueron efectivos. En el primer juego intentó romper el empate a cero con su primer cambio hasta el inicio del segundo tiempo y 6 minutos después recibió el gol con el que perdió. Mientras que en el segundo juego recibió la primera anotación en el minuto 4 e hizo sus dos primeros cambios hasta el inicio del segundo tiempo, los cuales tampoco funcionaron.

Sistema de Juego

1. Sistema de Juego del primer juego Bélgica – Inglaterra

- Posesión del balón: Bélgica 52% – Inglaterra 48%
- Precisión de pases: Bélgica 88% – Inglaterra 88%
- Oportunidades de gol: Bélgica 15 – Inglaterra 13
- Marcador final: Bélgica 1 – Inglaterra 0
- Efectividad M/O: Bélgica 7% – Inglaterra 0%

2. Sistema de Juego del segundo juego Bélgica – Inglaterra

- Posesión del balón: Bélgica 43% – Inglaterra 57%
- Precisión de pases: Bélgica 88% – Inglaterra 92%
- Oportunidades de gol: Bélgica 12 – Inglaterra 15
- Marcador final: Bélgica 2 – Inglaterra 0
- Efectividad M/O: Bélgica 17% – Inglaterra 0%

3. Conclusión del Sistema de Juego

- Posesión del balón: En el primer juego la selección de Bélgica tuvo mayor posesión (52%), mientras que en el segundo fue la selección de Inglaterra la que logró mayor posesión (57%).

- Precisión de pases: En los dos juegos los belgas tuvieron la misma precisión (88%), mientras que los ingleses la aumentaron de 88% a 92%.
- Oportunidades de gol: Del primer al segundo juego el equipo belga disminuyó de 15 a 12 oportunidades, mientras que el equipo inglés aumentó de 13 a 15 oportunidades.

A partir de estos primeros tres indicadores podría decirse que Gareth SOUTHGATE de Inglaterra hizo un mejor segundo partido que Roberto MARTINEZ de Bélgica, pero los siguientes dos indicadores son demoledores:

- Marcador final: En el primer encuentro el representativo belga venció 1-0 a los ingleses y en el segundo volvió a vencerlos con marcador 2-0. Los únicos dos partidos del torneo en los que la selección de Inglaterra no anotó fueron los que disputó contra Bélgica.
- Efectividad M/O: Por consiguiente, la efectividad del equipo inglés en ambos juegos fue de cero, mientras que la efectividad el equipo belga aumentó del 7% en el primer enfrentamiento a 17% en el segundo, suficiente para imponerse con claridad absoluta.

Talento Individual

1. Talento Individual del primer juego Bélgica – Inglaterra

En sus dos primeros encuentros del torneo Roberto MARTINEZ de Bélgica había logrado que dos de sus jugadores recibieran el reconocimiento al jugador más valioso: Romelu LUKAKU en el primero contra Panamá y Eden HAZARD en el segundo contra Túnez. Por su parte, Gareth SOUTHGATE de Inglaterra también había obtenido el reconocimiento al jugador más valioso en sus dos primeros partidos, solo que en ambos fue Harry KANE, igual contra Túnez y Panamá.

2. Talento Individual del segundo juego Bélgica – Inglaterra

Después de seis encuentros, Roberto MARTINEZ de Bélgica llegó al partido contra los ingleses con cinco de seis posibles nombramientos al jugador más valioso: dos (40%) de Eden HAZARD y uno de Romelu LUKAKU, Adnan JANUZAJ y Kevin DE BRUYNE. Además, de los 14 goles anotados, 4 (29%) habían sido por conducto de su máximo goleador Romelu LUKAKU, quien no anotó en este segundo juego contra Inglaterra. Por otra parte, Gareth SOUTHGATE de Inglaterra se presentó al encuentro contra los belgas con cuatro de seis posibles nombramientos al jugador más valioso: tres (75%) de Harry KANE y uno de Jordan PICKFORD. Además, de los 12 goles anotados, 6 (50%) habían sido por conducto de su máximo goleador Harry KANE, quien no anotó en este segundo juego contra Bélgica.

3. Conclusión del Talento Individual

Resulta claro que Roberto MARTINEZ de Bélgica dependió menos del talento individual de una sola figura para lograr la efectividad de su equipo, pues finalizó el torneo con 16 goles de los cuales solo 4 (25%) fueron anotados por Romelu LUKAKU su máximo goleador, mientras que los otros 12 goles fueron obra de 10 diferentes jugadores, lo que provocó que su sistema de juego fuera funcional, independientemente que en el partido por el tercer lugar Romelu LUKAKU no fuera factor. En contraste, Gareth SOUTHGATE de Inglaterra dependió más del talento individual de Harry KANE, quien al final del torneo anotó 6 (50%) de los 12 goles de su equipo, con el riesgo que se hizo realidad en el juego por el tercer lugar, en el que Harry KANE tampoco fue factor, pero su peso específico para la efectividad de su equipo era prácticamente del doble que el de su contraparte belga Romelu LUKAKU.

Y quizá sea un buen momento para recordar que las selecciones con gran talento individual concentrado en un solo jugador quedaron fuera del Campeonato de Rusia en etapas previas, destacando: Brasil de NEYMAR, Portugal de Cristiano RONALDO, Argentina de Lionel MESSI y Egipto de Mohamed SALAH, situación que nos da elementos para redactar la **sexta Lección de Liderazgo Mundialista:**

> El balance del talento individual y colectivo no garantiza el éxito, pero la concentración del talento invariablemente conduce al caos.

No olvidemos el partido de la Gran Final:

Grupo	País	Director Técnico	Rank	Puntos AJ5	Ajuste Juego6	Puntos AJ6	Expectativa Juego7
C	Francia	Didier DESCHAMPS	7	1,722	++	2,067	pierde
D	Croacia	Zlatko DALIC	20	1,937	+	2,131	GANA

Reflexiones personales sobre el tema de talento individual

1. ¿Cómo es el balance en mi equipo entre el talento individual y colectivo? ¿Me parece adecuado?
2. ¿Identifico alguna persona en mi equipo de la cual depende en gran medida la efectividad global? ¿Cómo puedo reducir ese riesgo?
3. ¿Qué tanto me involucro en el proceso de atracción de talento para mi equipo? ¿Y en el proceso de inculturación de ese nuevo talento?
4. ¿Qué tan importante es para mí que el nuevo talento sea capaz de potenciar el trabajo del equipo que ya tengo?
5. ¿Estoy convencido que la medida del éxito de un líder es conseguir resultados extraordinarios con personas ordinarias?

Capítulo 10: Lecciones de la gran final

Didier DESCHAMPS de Francia 4 – 2 Zlatko DALIC de Croacia

Aprovechemos el último partido del mundial para finalizar nuestro aprendizaje de las lecciones de aciertos y errores de los mejores Directores Técnicos de Rusia 2018.

Conformación del equipo

Como lo mencionamos, son cinco los pasos para conformar exitosamente cualquier equipo deportivo, mismos que son completamente válidos y aplicables en el ámbito laboral, familiar, educativo, político, social, empresarial, etc. En nuestro caso de estudio observamos lo siguiente:

a) Para ganar la Copa del Mundo se necesita mucho más que tener buenos jugadores; el talento individual es solo el punto de partida.
b) Una vez contando con futbolistas capaces, es preciso incorporarlos a un sistema de juego en equipo.
c) Cuando el equipo se ha acoplado y es capaz de trabajar en conjunto, debe diseñarse una estrategia de juego en función del adversario.
d) La instrumentación de la estrategia requiere una retroalimentación oportuna y llena de vigor.
e) Finalmente, para maximizar las posibilidades de alcanzar el éxito, es indispensable dominar el manejo de expectativas.

Conclusión de la Conformación del Equipo. No cabe duda que esos cinco pasos fueron resueltos de forma adecuada a lo largo de la fase eliminatoria, tanto por **Didier DESCHAMPS de Francia,** como por **Zlatko DALIC de Croacia,** aunque éste último tuvo bastante menos tiempo puesto que tomó el timón de su selección apenas en octubre de 2017, por lo que sus ocho meses encabezando al equipo croata contrastaba con los seis años de su contraparte quien ha estado al frente del equipo francés desde julio de 2012.

Conducción del Equipo

Como lo establecimos desde un inicio, la conducción del equipo ocupa el centro de nuestra atención ya que se manifiesta a todo lo largo del torneo y se divide en diferentes elementos cuya profundización constituye la principal aportación de este Libro, remarcando en algunos momentos el contenido del líder, a partir de sus declaraciones, decisiones y acciones, desde su primer partido, hasta el último que juegue, según sus resultados.

El sorteo de la FIFA para el Mundial determinó que Francia, séptima del ranking, encabezara el Grupo C en el que también figuraban Perú (Rank11), Dinamarca (Rank12) y Australia (Rank26), siendo el grupo más parejo de todos. Mientras que Croacia, vigésima del ranking, fue sembrada en segundo lugar del Grupo D, encabezado por Argentina (Rank5), acompañada de Islandia (Rank22) y Nigeria (Rank48).

Ya instalados en Rusia 2018 los dos Directores Técnicos con sus 23 jugadores y su personal de apoyo, comenzó la puesta en práctica de los pasos anteriormente descritos, pero en un orden diferente, lo que ahora sabemos que constituye la esencia de la conducción de un equipo.

Manejo de Expectativas

Señalamos antes que el mejor criterio para determinar la expectativa inicial de una selección nacional en la Copa del Mundo era el más reciente ranking de la FIFA, por lo cual, tanto Francia como Croacia se esperaba que avanzaran a los octavos de final en sus respectivos grupos, y así lo hicieron.

Grupo	País	Director Técnico	Rank	Puntos	Expectativa	Desenlace
C	Francia	Didier DESCHAMPS	7	1,198	AVANZARÁ	AVANZÓ
C	Perú	Ricardo GARECA	11	1,125	AVANZARÁ	eliminado
C	Dinamarca	Age HAREIDE	12	1,051	será eliminado	AVANZÓ
C	Australia	Bert VAN MARWIJK	26	718	será eliminado	eliminado

Grupo	País	Director Técnico	Rank	Puntos	Expectativa	Desenlace
D	Argentina	Jorge SAMPAOLI	5	1,241	AVANZARÁ	AVANZÓ
D	Croacia	Zlatko DALIC	20	945	AVANZARÁ	AVANZÓ
D	Islandia	Heimir HALLGRIMSSON	22	908	será eliminado	eliminado
D	Nigeria	Gernot ROHR	48	618	será eliminado	eliminado

Lo que sí resultó inesperado fue que Zlatko DALIC de Croacia finalizara en primer lugar de su grupo, por delante de Jorge SAMPAOLI Argentina, con lo que en octavos de final enfrentó a Age HAREIDE de Dinamarca, en vez de haberse visto las caras desde ese momento con Didier DESCHAMPS de Francia, situación que hubiera cambiado completamente la historia del Mundial de Rusia 2018.

Para los octavos de final, Didier DESCHAMPS de Francia era favorito sobre Jorge SAMPAOLI Argentina, al tiempo que Zlatko DALIC de Croacia también lo era sobre Age HAREIDE de Dinamarca. Y ambos Directores Técnicos cumplieron con la expectativa ajustada.

Grupo	País	Director Técnico	Rank	Puntos AJ2	Ajuste Juego3	Puntos AJ3	Expectativa Juego4	Resultado
C	Francia	Didier DESCHAMPS	7	1,450	-	1,305	GANA	4
D	Argentina	Jorge SAMPAOLI	5	670	+	737	pierde	3

Grupo	País	Director Técnico	Rank	Puntos AJ2	Ajuste Juego3	Puntos AJ3	Expectativa Juego4	Resultado
D	Croacia	Zlatko DALIC	20	1,455	+	1,601	GANA	1 (3)
C	Dinamarca	Age HAREIDE	12	1,135	+	1,249	pierde	1 (2)

Solo es importante resaltar que Zlatko DALIC de Croacia no pudo vencer a Age HAREIDE de Dinamarca en los 90 minutos reglamentarios, ni en los 30 minutos de tiempo extra, sino hasta los penales, lo que originó que sus jugadores tuvieran 30 minutos más de desgaste que los jugadores de Francia que derrotaron a Argentina en 90 minutos.

En los cuartos de final Didier DESCHAMPS de Francia no era favorito frente a Oscar TABAREZ de Uruguay, pero lo venció, mientras que Zlatko DALIC de Croacia sí era favorito ante Stanislav CHERCHESOV de Rusia y cumplió con la expectativa ajustada.

Grupo	País	Director Técnico	Rank	Puntos AJ3	Ajuste Juego4	Puntos AJ4	Expectativa Juego5	Resultado
A	Uruguay	Oscar TABAREZ	14	1,478	+	1,626	GANA	0
C	Francia	Didier DESCHAMPS	7	1,305	+	1,435	pierde	2

Grupo	País	Director Técnico	Rank	Puntos AJ3	Ajuste Juego4	Puntos AJ4	Expectativa Juego5	Resultado
A	Rusia	Stanislav CHERCHESOV	70	633	++	760	pierde	2 (3)
D	Croacia	Zlatko DALIC	20	1,601	+	1,761	GANA	2 (4)

Pero de nueva cuenta Zlatko DALIC de Croacia tuvo que llegar hasta los penales para derrotar a Stanislav CHERCHESOV de Rusia, por lo que sus jugadores acumularon otros 30 minutos más de desgaste, sumando hasta ese momento 60 minutos más de acción que los jugadores franceses, quienes eliminaron a los uruguayos en los 90 minutos reglamentarios.

Para las semifinales, otra vez Didier DESCHAMPS de Francia llegó como no favorito en contra de Roberto MARTINEZ de Bélgica, la selección con el tercer mejor ranking inicial, pero salió airoso del compromiso. Por su parte, Zlatko DALIC de Croacia, siendo favorito, superó a Gareth SOUTHGATE de Inglaterra.

Grupo	País	Director Técnico	Rank	Puntos AJ4	Ajuste Juego5	Puntos AJ5	Expectativa Juego6	Resultado
C	Francia	Didier DESCHAMPS	7	1,435	++	1,722	pierde	1
G	Bélgica	Roberto MARTINEZ	3	2,262	+	2,488	GANA	0

Grupo	País	Director Técnico	Rank	Puntos AJ4	Ajuste Juego5	Puntos AJ5	Expectativa Juego6	Resultado
D	Croacia	Zlatko DALIC	20	1,761	+	1,937	GANA	2
G	Inglaterra	Gareth SOUTHGATE	13	1,372	++	1,647	pierde	1

Un punto a destacar es que Zlatko DALIC de Croacia logró la victoria frente a Gareth SOUTHGATE de Inglaterra en tiempos extra, después de que en los 90 minutos reglamentarios finalizaron empatados a un gol, por lo que sus jugadores sumaron otros 30 minutos adicionales de esfuerzo, para un total de 90 minutos más de desgaste en comparación con los jugadores de Francia que dieron cuenta de Bélgica en el tiempo regular.

En otras palabras, para disputar la Gran Final el domingo 15 de julio, que para las dos selecciones era su séptimo partido mundialista en menos de un mes, dado que ambas tuvieron su primer encuentro el sábado 16 de junio, y en virtud de los tres encuentros en que se fueron a tiempos extra, los jugadores de Zlatko DALIC de Croacia llegaron con el desgaste equivalente a siete juegos, es decir, un partido completo más de esfuerzo que sus rivales. Aun así, lucía un enfrentamiento muy parejo, pues Zlatko DALIC de Croacia aventajaba en solo 3% (2,131 entre 2,067) a Didier DESCHAMPS de Francia.

Grupo	País	Director Técnico	Rank	Puntos AJ5	Ajuste Juego6	Puntos AJ6	Expectativa Juego7	Resultado
C	Francia	Didier DESCHAMPS	7	1,722	++	2,067	pierde	4
D	Croacia	Zlatko DALIC	20	1,937	+	2,131	GANA	2

Conclusión del Manejo de Expectativas. En su camino hacia la Gran Final, **Didier DESCHAMPS de Francia** manejó de forma adecuada las expectativas, sobre todo cuando le ganó a Oscar TABAREZ de Uruguay, favorito en cuartos de final y a Roberto MARTINEZ de Bélgica, favorito en semifinales. Por su parte, **Zlatko DALIC de Croacia** también tuvo un manejo adecuado ganando todos los encuentros en los que salió como favorito, destacando su inesperada victoria frente a Jorge SAMPAOLI de Argentina, favorito en el juego de la tercera ronda, y que a la postre le evitó un enfrentamiento prematuro con Didier DESCHAMPS de Francia quien se encargó de eliminar en octavos de final a Jorge SAMPAOLI de Argentina.

Estrategia de Juego

Didier DESCHAMPS de Francia en su partido inaugural utilizó una formación de cuatro defensas, tres medios y tres delanteros (4-3-3), que al siguiente encuentro cambió por cuatro defensas, dos medios defensivos, tres medios ofensivos y un delantero (4-2-3-1), misma que repitió en todos sus siguientes enfrentamientos, inclusive en su último partido frente a Zlatko DALIC de Croacia.

Francia (Rank7) 2 – 1 (Rank26) Australia

Francia (Rank7) 1 – 0 (Rank11) Perú

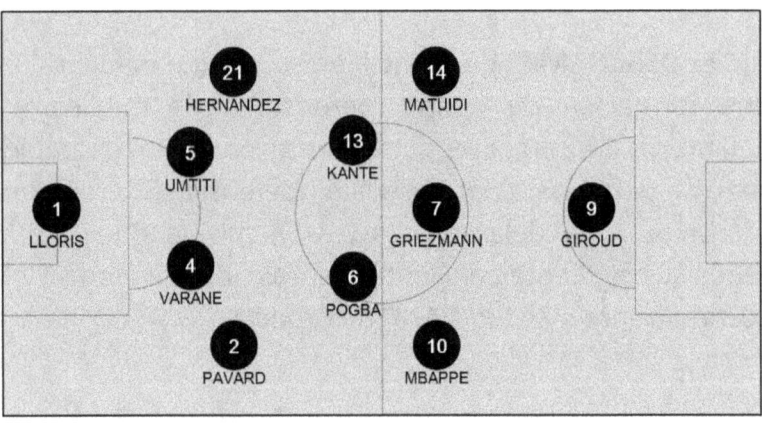

Francia (Rank7) 0 – 0 (Rank12) Dinamarca

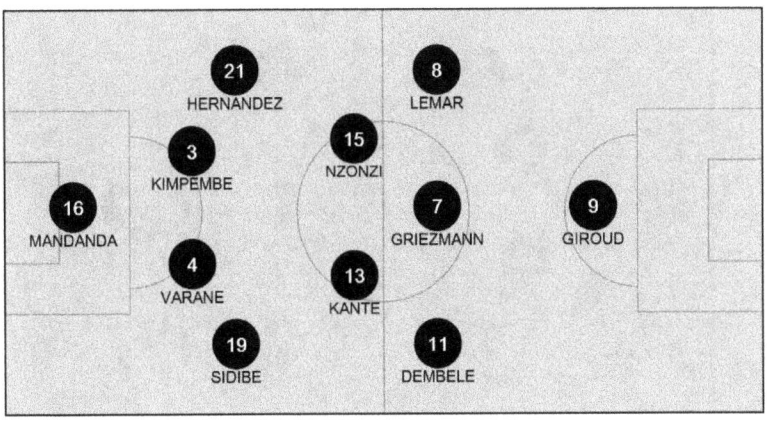

Francia (Rank7) 4 3 (Rank5) Argentina

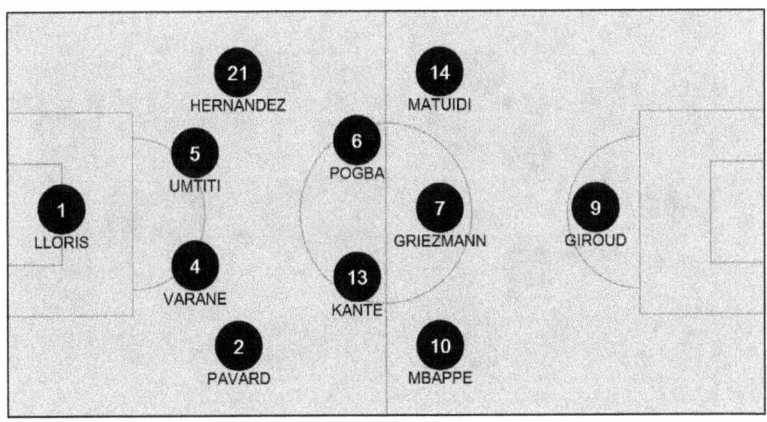

Francia (Rank7) 2 – 0 (Rank14) Uruguay

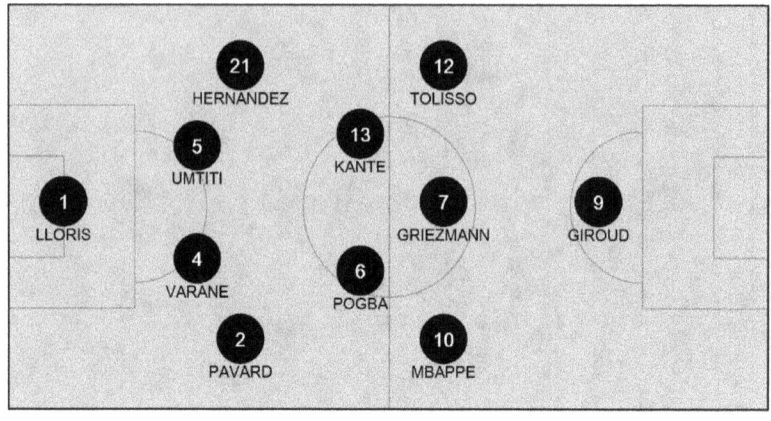

Francia (Rank7) 1 – 0 (Rank3) Bélgica

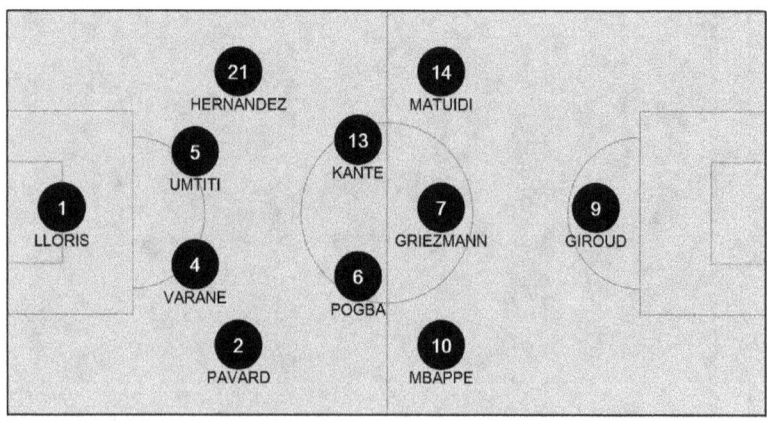

Francia (Rank7) 4 – 2 (Rank20) Croacia

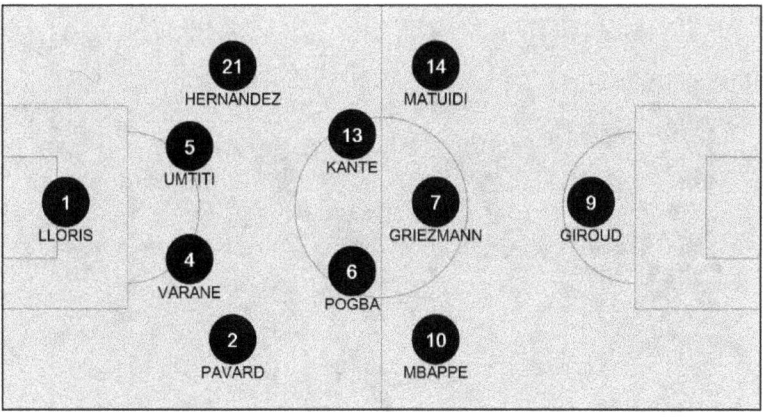

Zlatko DALIC de Croacia en sus primeros seis juegos utilizó siempre la misma formación de cuatro defensas, dos medios defensivos, tres medios ofensivos y un delantero (4-2-3-1), que fue exactamente idéntica a la que presentó en su séptimo partido ante Didier DESCHAMPS de Francia.

Croacia (Rank20) 2 – 0 (Rank48) Nigeria

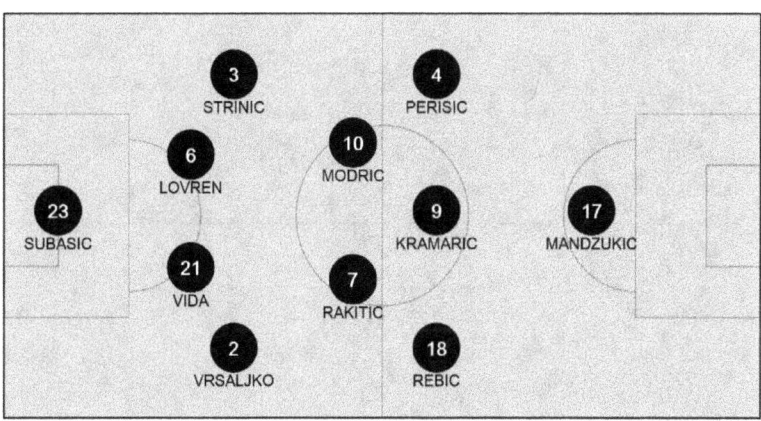

Croacia (Rank20) 3 – 0 (Rank5) Argentina

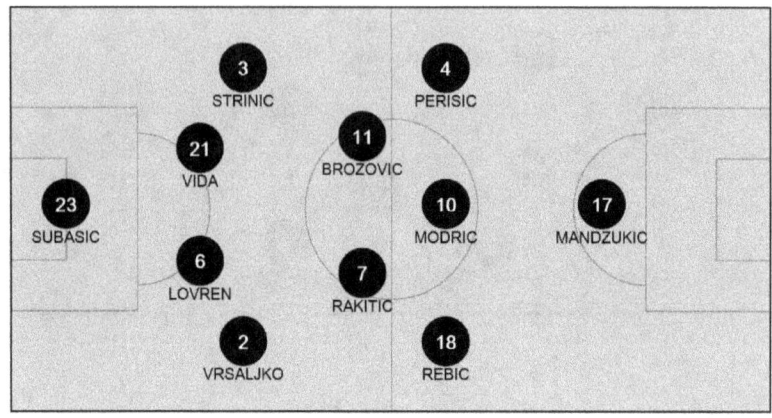

Croacia (Rank20) 2 – 1 (Rank22) Islandia

Croacia (Rank20) 1(3) – 1(2) Dinamarca

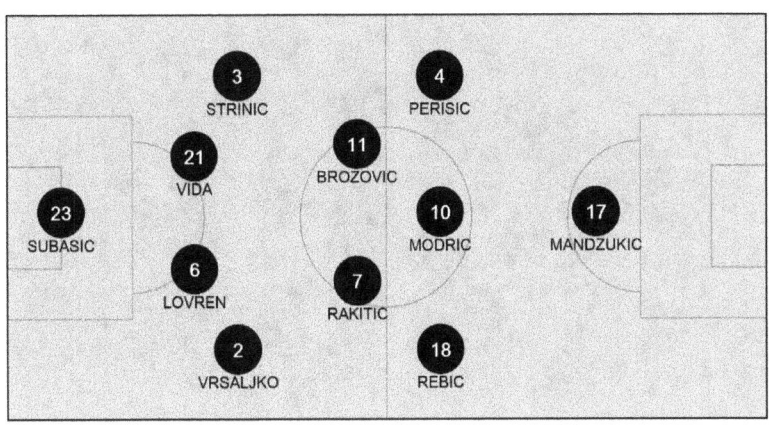

Croacia (Rank22) 2(4) – 2(3) (Rank70) Rusia

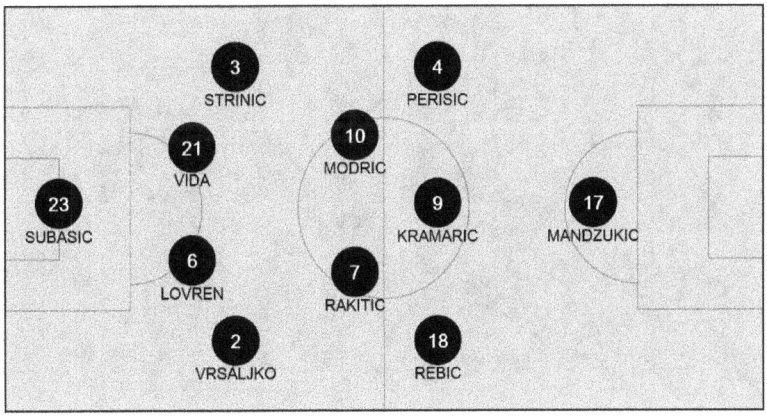

Croacia (Rank20) 2 – 1 (Rank13) Inglaterra

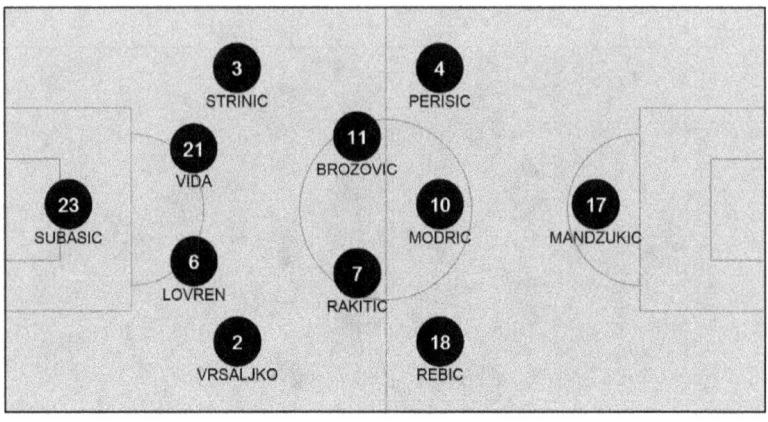

Croacia (Rank20) 2 – 4 (Rank7) Francia

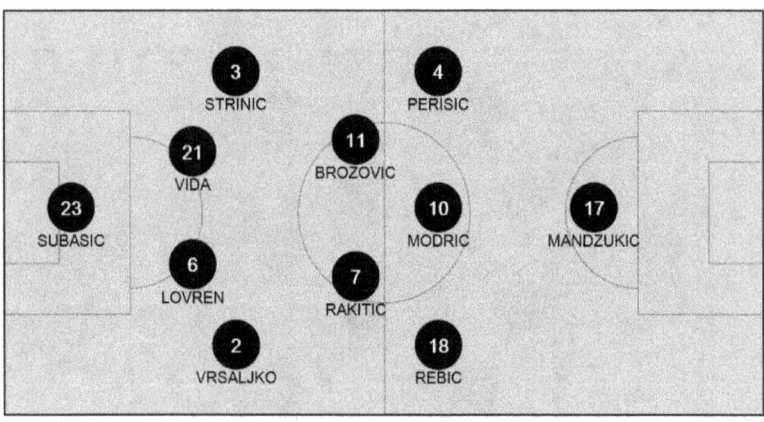

Conclusión sobre la Estrategia de Juego. Ambos Directores Técnicos fueron muy predecibles en este elemento de la conducción de sus equipos.

Retroalimentación Oportuna

Si bien hemos mencionado que al inicio de un partido existe igualdad de circunstancias para los dos Directores Técnicos contendientes en lo que respecta al tiempo disponible, los jugadores en la cancha y el marcador, también ya señalamos que para este encuentro en particular, debido a los tres enfrentamientos que se fueron a tiempos extra, los jugadores de Zlatko DALIC de Croacia llegaron con el desgaste equivalente a siete juegos en menos de un mes, en comparación al desgaste de seis juegos de los jugadores de Didier DESCHAMPS de Francia, lo cual ya representaba un desequilibrio inicial.

Pero el desequilibrio en el marcador ocurrió en el minuto 18, cuando una jugada a balón parado que cobró el francés Antoine GRIEZMANN fue desviada hacia su propio marco por el croata Mario MANDZUKIC. Dos errores consecutivos de Croacia: primero, la falta cometida cerca de su área que originó la jugada y enseguida el autogol.

La Croacia de Zlatko DALIC, acostumbrada desde la fase eliminatoria a enfrentar la adversidad, reaccionó de manera favorable sin necesidad de un ajuste mayor y en el minuto 28 empató el encuentro por conducto de Ivan PERISIC.

Sin embargo, en menos de diez minutos Ivan PERISIC pasó de héroe a villano cuando en un tiro de esquina favorable al equipo francés tocó el balón con su mano dentro del área, acción que después de ser revisada por el árbitro en el VAR, se marcó como penal que fue transformado en gol por Antoine GRIEZMANN al minuto 38. Un nuevo y costoso error del equipo croata.

De regreso del descanso, y con el marcador 2-1 a su favor, Didier DESCHAMPS de Francia comenzó a controlar el partido, y tratando de evitar riesgos hizo su primer cambio al minuto 55 sacando de la cancha a Ngolo KANTE, quien estaba amonestado desde el primer tiempo.

Aunque el equipo galo le cedió la iniciativa a su rival, en el minuto 59 Paul POGBA anotó el 3-1 y, ante el desconcierto de Zlatko DALIC de Croacia, solo 6 minutos después, en el minuto 65 Kylian MBAPPE marcó el 4-1 que parecía definitivo.

Sin todavía tener ajustes mayores, la selección croata siguió luchando de manera ejemplar y en una jugada de presión sobre un confiado guardameta francés, Mario MANDZUKIC anotó el segundo gol para Croacia, capitalizando el primer gran error de Francia.

Fue hasta el minuto 71, es decir 33 minutos después del penal con el que Francia se fue adelante en el marcador 2-1, cuando Zlatko DALIC de Croacia hizo un primer ajuste mayor con su primer cambio, que fue respondido por Didier DESCHAMPS de Francia con sendos cambios en los minutos 73 y 81, momento en el que Zlatko DALIC de Croacia hizo su segundo cambio, pero la historia ya estaba escrita a favor de los franceses.

Conclusión de la Retroalimentación Oportuna. Didier DESCHAMPS de Francia manejó de manera excepcional un encuentro que desde el minuto 18 le brindó la ventaja de un gol a partir de un error croata, proponiendo sus cambios en los momentos oportunos y sin perder jamás la compostura de su equipo, ni cuando recibieron el gol del empate, ni cuando llegaron a estar ganando 4-1. En cambio **Zlatko DALIC de Croacia** se tardó demasiado en ajustar a su equipo frente a la adversidad del encuentro.

Sistema de Juego

Juego	Equipo Rank 7	Rival	Rank	Posesión del balón	Precisión de pases	Oportunidades de gol	Marcador final	Efectividad M/O
1	Francia	Australia	26	51% - 49%	87% - 85%	12 - 4	2 - 1	17% - 25%
2	Francia	Perú	11	44% - 56%	77% - 81%	12 - 10	1 - 0	8% - 0%
3	Francia	Dinamarca	12	62% - 38%	87% - 74%	11 - 5	0 - 0	0% - 0%
4	Francia	Argentina	5	41% - 59%	84% - 86%	9 - 9	4 - 3	44% - 33%
5	Francia	Uruguay	14	58% - 42%	81% - 67%	11 - 11	2 - 0	18% - 0%
6	Francia	Bélgica	3	40% - 60%	86% - 90%	19 - 9	1 - 0	5% - 0%
		PROMEDIO		49% - 51%	84% - 81%	12.3 - 8.0	1.7 - 0.7	14% - 9%

En los primeros seis juegos de **Didier DESCHAMPS** de Francia observamos lo siguiente:

- Posesión del balón: tuvo desde 40% contra Bélgica hasta 58% ante Uruguay y siempre ganó, con excepción del juego frente a Dinamarca que empató teniendo su mayor posesión de 62%, promediando hasta antes de la final 49%.
- Precisión de pases: fue alternando con sus rivales en turno mayor o menor precisión, promediando 84%.
- Oportunidades de gol: siempre generó al menos las mismas oportunidades que sus adversarios, promediando 12.3 por partido y permitiendo que le generaran en promedio solo 8.0 por partido, evidenciando un excelente sistema de juego defensivo.
- Marcador final: llegó invicto a la final, ganando cinco partidos y empatando uno, con promedio por juego de 1.7 goles anotados y 0.7 goles recibidos, una de las mejores defensivas del torneo.

- Efectividad M/O: muy variable, desde 0% contra Dinamarca hasta 44% frente a Argentina, promediando 15%.

Juego	Equipo Rank 7	Rival	Rank	Posesión del balón	Precisión de pases	Oportunidades de gol	Marcador final	Efectividad M/O
1	Francia	Australia	26	51% - 49%	87% - 85%	12 - 4	2 - 1	17% - 25%
2	Francia	Perú	11	44% - 56%	77% - 81%	12 - 10	1 - 0	8% - 0%
3	Francia	Dinamarca	12	62% - 38%	87% - 74%	11 - 5	0 - 0	0% - 0%
4	Francia	Argentina	5	41% - 59%	84% - 86%	9 - 9	4 - 3	44% - 33%
5	Francia	Uruguay	14	58% - 42%	81% - 67%	11 - 11	2 - 0	18% - 0%
6	Francia	Bélgica	3	40% - 60%	86% - 90%	19 - 9	1 - 0	5% - 0%
	PROMEDIO			49% - 51%	84% - 81%	12.3 - 8.0	1.7 - 0.7	14% - 9%
7	Francia	Croacia	20	39% - 61%	75% - 83%	8 - 15	4 - 2	50% - 13%

Al revisar el séptimo juego de **Didier DESCHAMPS** de Francia frente a Zlatko DALIC de Croacia notamos lo siguiente:

- Posesión del balón: con 39% fue su juego con menor posesión.
- Precisión de pases: con 75% fue su juego con menor precisión, por debajo del 83% de Croacia.
- Oportunidades de gol: con solo 8 oportunidades fue el juego en el que menos generó, casi la mitad de las 15 oportunidades que tuvo Croacia, algo que no le había permitido a ningún otro de sus rivales anteriores.
- Marcador final: anotó 4 goles, más del doble de su promedio por partido, pero recibió 2 goles, también más del doble de su promedio por partido.
- Efectividad M/O: con 50% fue su encuentro con mayor efectividad; solo tuvo 8 oportunidades, pero 4 de ellas las convirtió en gol.

Juego	Equipo Rank 20	Rival	Rank	Posesión del balón	Precisión de pases	Oportunidades de gol	Marcador final	Efectividad M/O
1	Croacia	Nigeria	48	54% - 46%	84% - 84%	11 - 14	2 - 0	18% - 0%
2	Croacia	Argentina	5	42% - 58%	80% - 81%	15 - 10	3 - 0	20% - 0%
3	Croacia	Islandia	22	59% - 41%	87% - 73%	13 - 17	2 - 1	15% - 6%
4	Croacia	Dinamarca	12	54% - 46%	81% -79%	22 - 15	1(3) - 1(2)	5% - 7%
5	Croacia	Rusia	70	62% - 38%	82% - 69%	17 - 13	2(4) - 2(3)	12% - 15%
6	Croacia	Inglaterra	13	54% - 46%	79% - 79%	22 - 11	2 - 1	9% - 9%
		PROMEDIO		54% - 46%	82% - 78%	16.7 - 13.3	2.0 - 0.8	12% - 6%

Por otra parte, para los seis primeros partidos de **Zlatko DALIC de Croacia** encontramos lo siguiente:

- Posesión del balón: salvo en contra de Argentina (Rank5), que fue el equipo más fuerte al que enfrentó hasta antes de la final, siempre tuvo mayor posesión, promediando 54%.
- Precisión de pases: de nuevo, a excepción del juego contra Argentina, siempre tuvo al menos la misma precisión que sus rivales, promediando 82%.
- Oportunidades de gol: una de las mejores ofensivas del torneo con promedio de 16.7 oportunidades por partido, pero permitiendo que le generaran en promedio 13.3 oportunidades de gol por partido.
- Marcador final: también llegó invicto a la final, pero con cuatro partidos ganados y dos empatados resueltos en penales, promediando 2.0 goles anotados y 0.8 goles recibidos.
- Efectividad M/O: relativamente constante entre el 5% y el 20%, con promedio de 12%.

Juego	Equipo Rank 20	Rival	Rank	Posesión del balón	Precisión de pases	Oportunidades de gol	Marcador final	Efectividad M/O
1	Croacia	Nigeria	48	54% - 46%	84% - 84%	11 - 14	2 - 0	18% - 0%
2	Croacia	Argentina	5	42% - 58%	80% - 81%	15 - 10	3 - 0	20% - 0%
3	Croacia	Islandia	22	59% - 41%	87% - 73%	13 - 17	2 - 1	15% - 6%
4	Croacia	Dinamarca	12	54% - 46%	81% -79%	22 - 15	1(3) - 1(2)	5% - 7%
5	Croacia	Rusia	70	62% - 38%	82% - 69%	17 - 13	2(4) - 2(3)	12% - 15%
6	Croacia	Inglaterra	13	54% - 46%	79% - 79%	22 - 11	2 - 1	9% - 9%
		PROMEDIO		54% - 46%	82% - 78%	16.7 - 13.3	2.0 - 0.8	12% - 6%
7	Croacia	Francia	7	61% - 39%	83% - 75%	15 - 8	2 - 4	13% - 50%

En el séptimo encuentro de **Zlatko DALIC de Croacia** ante Didier DESCHAMPS de Francia nos percatamos de lo siguiente:

- Posesión del balón: con 61% tuvo la segunda mayor posesión de todos sus partidos, 7% arriba de su promedio de 54%
- Precisión de pases: con 83% estuvo 1% más acertado que su promedio de 82%.
- Oportunidades de gol: con 15 estuvo ligeramente por debajo de su promedio de oportunidades generadas (16.7), aunque por otra parte solo permitió que le generaran 8 oportunidades, bastante menos del promedio que había concedido (13.3).
- Marcador final: metió dos goles, que es el promedio que tenía por partido, pero recibió cuatro goles, cinco veces más que su promedio de 0.8 lo que ocasionó su primera derrota del torneo.
- Efectividad M/O: con 13% prácticamente estuvo en su promedio del 12% de efectividad a favor, pero permitió un 50% de efectividad de Francia, cuando lo máximo que había concedido a cualquiera de sus adversarios había sido 15%.

Conclusión del Sistema de Juego. Para la Gran Final, **Didier DESCHAMPS de Francia** operó un sistema que, a diferencia de sus seis primeros partidos, le resultó en menos posesión del balón, menos precisión de pases y menos oportunidades de gol, pero en mucha más efectividad, sobre todo al capitalizar en dos de sus cuatro goles los errores del equipo rival. Por otra parte, el sistema de juego de **Zlatko DALIC de Croacia** arrojó resultados muy similares a los que había tenido en sus seis encuentros anteriores en lo referente a posesión, precisión, oportunidades, goles anotados y efectividad. Los parámetros que tuvieron una desviación muy importante fueron el de goles recibidos y efectividad en contra, cuya principal explicación radica en los evidentes errores cometidos.

Talento Individual

Juego	Equipo Rank 7	Rival	Rank	Marcador final	Jugador más valioso
1	Francia	Australia	26	2 - 1	Antoine GRIEZMANN (FRA)
2	Francia	Perú	11	1 - 0	Kylian MBAPPE (FRA)
3	Francia	Dinamarca	12	0 - 0	Ngolo KANTE (FRA)
4	Francia	Argentina	5	4 - 3	Kylian MBAPPE (FRA)
5	Francia	Uruguay	14	2 - 0	Antoine GRIEZMANN (FRA)
6	Francia	Bélgica	3	1 - 0	Samuel UMTITI (FRA)
		PROMEDIO		1.7 - 0.7	FRA (6) - rivales (0)

Didier DESCHAMPS de Francia logró que en sus primeros seis partidos alguno de sus jugadores fuera nombrado como el más valioso: dos veces (33%) Antoine GRIEZMANN, dos veces

(33%) Kylian MBAPPE y una vez Ngolo KANTE y Samuel UMTITI.

Juego	Equipo Rank 7	Rival	Rank	Marcador final	Jugador más valioso
1	Francia	Australia	26	2 - 1	Antoine GRIEZMANN (FRA)
2	Francia	Perú	11	1 - 0	Kylian MBAPPE (FRA)
3	Francia	Dinamarca	12	0 - 0	Ngolo KANTE (FRA)
4	Francia	Argentina	5	4 - 3	Kylian MBAPPE (FRA)
5	Francia	Uruguay	14	2 - 0	Antoine GRIEZMANN (FRA)
6	Francia	Bélgica	3	1 - 0	Samuel UMTITI (FRA)
		PROMEDIO		1.7 - 0.7	FRA (6) - rivales (0)
7	Francia	Croacia	20	4 - 2	Antoine GRIEZMANN (FRA)

Y para la Gran Final consiguió lo mismo, de nuevo con Antoine GRIEZMANN, de modo que en torneo logró el 100% de las veces tener al jugador más valioso y el talento individual sobresaliente de su equipo se concentró en cuatro de sus once jugadores (36%).

Juego	Equipo Rank 20	Rival	Rank	Marcador final	Jugador más valioso
1	Croacia	Nigeria	48	2 - 0	Luka MODRIC (CRO)
2	Croacia	Argentina	5	3 - 0	Luka MODRIC (CRO)
3	Croacia	Islandia	22	2 - 1	Milan BADELJ (CRO)
4	Croacia	Dinamarca	12	1(3) - 1(2)	Kasper SCHMEICHEL (DIN)
5	Croacia	Rusia	70	2(4) - 2(3)	Luka MODRIC (CRO)
6	Croacia	Inglaterra	13	2 - 1	Ivan PERISIC (CRO)
		PROMEDIO		2.0 - 0.8	CRO (5) - rivales (1)

Por su parte, **Zlatko DALIC de Croacia** consiguió que en cinco de sus seis primeros partidos el jugador más valioso fuera de su equipo: tres veces (60%) Luka MODRIC y una vez Milan BADELJ e Ivan PERISIC.

Juego	Equipo Rank 20	Rival	Rank	Marcador final	Jugador más valioso
1	Croacia	Nigeria	48	2 - 0	Luka MODRIC (CRO)
2	Croacia	Argentina	5	3 - 0	Luka MODRIC (CRO)
3	Croacia	Islandia	22	2 - 1	Milan BADELJ (CRO)
4	Croacia	Dinamarca	12	1(3) - 1(2)	Kasper SCHMEICHEL (DIN)
5	Croacia	Rusia	70	2(4) - 2(3)	Luka MODRIC (CRO)
6	Croacia	Inglaterra	13	2 - 1	Ivan PERISIC (CRO)
		PROMEDIO		2.0 - 0.8	CRO (5) - rivales (1)
7	Croacia	Francia	7	2 - 4	Antoine GRIEZMANN (FRA)

Como ya mencionamos, el jugador más valioso de la Gran Final fue el francés Antoine GRIEZMANN, por lo que Zlatko DALIC de Croacia finalizó el torneo con el jugador más valioso en cinco de sus siete encuentros (71%) y el talento individual sobresaliente de su equipo se concentró en tres de sus once jugadores (27%).

Conclusión del Talento Individual. Si bien ambas selecciones contaron con talento de primer nivel, en los equipos de clase mundial la diferencia puede encontrarse en detalles muy sutiles. En nuestro caso **Didier DESCHAMPS de Francia** superó a nivel de partidos con jugador más valioso 100%-71% a **Zlatko DALIC de Croacia,** al tiempo que el talento individual sobresaliente de los franceses se concentró en más jugadores: 4 contra 3 de los croatas.

Declaraciones Finales

Didier DESCHAMPS de Francia: "Tenía un grupo muy joven, 14 de ellos estaban descubriendo qué es la Copa del Mundo. Pero la calidad estaba ahí. Mi mayor motivo de orgullo con este grupo es que lograron tener el estado de ánimo adecuado para dicho torneo.

Repito todo el tiempo: nunca te rindas, nunca abandones nada. Hay imperfecciones y hoy no hicimos todo bien, pero sí tenemos esas cualidades mentales y psicológicas que fueron decisivas para este Mundial.

En la primera mitad de esta final no teníamos mucho, pero ganábamos 2-1. Así que, por supuesto, la pregunta que debe hacerse siempre es: ¿Francia es una bella campeona? Bueno, somos campeones del mundo y Francia estará en la cima del mundo durante los próximos cuatro años. Eso es lo que se recordará".

Zlatko DALIC de Croacia: "Felicito a Francia por su título. Debo felicitar a mis jugadores, quizás fue el mejor partido que jugamos en este campeonato. Controlamos el encuentro, pero lo admitimos: contra un equipo tan fuerte como Francia, no debes cometer errores. Estamos un poco tristes, pero también tenemos que estar orgullosos de lo que hemos hecho.

Es un mensaje genial para los países más pequeños. Hay que ser ambiciosos, hay que tener sueños. Y hay que pelear por ellos y no dejar de creer. Quiero agradecer a mis jugadores lo que han hecho y, echando la vista atrás, estoy orgulloso. Orgulloso de mis jugadores, de mi equipo, y de mi país".

Conclusión de las Declaraciones Finales. En los niveles de excelencia de cualquier ámbito la diferencia suele darse, no tanto a partir de los aciertos que se tengan, sino a partir de los errores que se cometan.

Redactemos la séptima y **última Lección de Liderazgo Mundialista:**

Evitar cometer errores no garantiza el éxito, pero cometer errores importantes e inoportunos invariablemente conduce al caos.

Reflexiones personales sobre los temas revisados

1. ¿Cómo llevo a cabo la conformación de mi equipo?
2. ¿Qué importancia tiene la expectativa en mi equipo?
3. ¿Cómo adecúo la estrategia de mi equipo?
4. ¿Cuál es la clave de la retroalimentación en mi equipo?
5. ¿Cómo facilito el sistema de operación de mi equipo?
6. ¿Qué hago para balancear el talento de mi equipo?
7. ¿Cómo prevengo que se cometan errores importantes?

Epílogo – ¿Liderazgo y futbol?

Después de que juntos hemos analizado el ejercicio de liderazgo desplegado por los Directores Técnicos en la Copa del Mundo de Rusia 2018, me parece conveniente enunciar las principales lecciones:

- La correcta conformación de un equipo no garantiza el éxito, pero su conformación defectuosa invariablemente conduce al caos.
- El buen manejo de expectativas no garantiza el éxito, pero un manejo deficiente invariablemente conduce al caos.
- Adecuar la estrategia de juego no garantiza el éxito, pero repetir siempre la misma estrategia invariablemente conduce al caos.
- La retroalimentación oportuna no garantiza el éxito, pero demorar la corrección de desviaciones invariablemente conduce al caos.
- Un sistema de juego funcional no garantiza el éxito, pero uno falto de efectividad invariablemente conduce al caos.

- El balance del talento individual y colectivo no garantiza el éxito, pero la concentración del talento invariablemente conduce al caos.
- Evitar cometer errores no garantiza el éxito, pero cometer errores importantes e inoportunos invariablemente conduce al caos.

Y recordarte que todas estas lecciones que hemos extraído del máximo certamen de futbol son cien por ciento aplicables a cualquier ámbito del ejercicio del liderazgo: laboral, familiar, educativo, juvenil, político, social, empresarial, etc.

Gracias por participar en esta original experiencia formativa. **¿Acaso no te anticipé que después de leer este libro jamás volverías a ver el futbol de la misma manera?**

¡Ánimo y ACCIÓN!

Permanezcamos en contacto vía Twitter, Linkedin, Facebook o Amazon.

Dr. José Manuel Vega Báez

info@seriecima.com

www.seriecima.com

Sobre el Autor

El doctor José Manuel Vega Báez nació en la Ciudad de México en 1962. Es casado, con tres hijos y gusta del deporte.

Tiene 41 años de trayectoria empresarial y ha desempeñado diversos cargos directivos en la iniciativa privada, el sector público, agrupaciones deportivas e instituciones educativas. Como consejero y consultor ha intervenido en varias organizaciones mexicanas y trasnacionales.

A partir de su experiencia de integrar y dirigir equipos de alto desempeño ha publicado 17 libros sobre liderazgo, convirtiéndose en el escritor de habla hispana más prominente de este tema, del cual es conferencista y facilitador internacional.

En 1992 recibió el grado de Doctor en Administración, cursando los estudios de Maestría en Ingeniería, Maestría en Sistemas, Maestría en Dirección de Empresas, Licenciatura en Sistemas y los Diplomados en Negocios Deportivos, Asesoría Educativa, Humanismo Integral, Desarrollo Sustentable y Alta Dirección.

Desde hace 33 años es catedrático a nivel licenciatura, maestría y doctorado en el área de Gestión de Sistemas Organizacionales en diversas instituciones latinoamericanas de gran prestigio.

Actualmente es Conferencista de Speakers México, Miembro Platinum de la Red Mundial de Conferencistas y Socio Director de SERIE CIMA, firma especializada en liderazgo: desarrollando mejores líderes para edificar un mejor mundo.

Su obra completa incluye los siguientes títulos:

1. Modelo de Estudio Curricular Post-Maestría en el Área de Sistemas (1991)
2. Introducción al Estudio del Pensamiento Transdisciplinario (1992)
3. Creatividad e Innovación en la Administración (1993)
4. Un Rostro Incompleto (1994)
5. Diseño del Sistema de Información de una Empresa (1995)
6. Secretos de Empresa (1995)
7. Modelación Estructural de Sistemas (1996)
8. Primera Guía de Acciones Emprendedoras (1998)
9. Rumbo a la Cima –novela para el nuevo líder (2002)
10. ¿Ya Encontraste tu Queso? –un cuento para nuevos líderes (2005)
11. Un Líder para México 2006 (2006)
12. Propuesta para la Valoración del Nivel de Liderazgo en Funcionarios Públicos de Alto Perfil (2007)
13. La Biblia de la Motivación –obra en coautoría (2008)
14. Liderazgo en Tiempos de Crisis (2009)

15. Lecciones de Liderazgo de los Directores Técnicos del Mundial (2010)
16. Adriana –un relato de liderazgo juvenil (2011)
17. 250 Cápsulas de Liderazgo (2012)
18. Liderazgo en la Cumbre –obra en coautoría (2012)
19. Liderazgo: diez años de aportaciones (2012)
20. Rumbo a la Cima 10 –sé un líder de alto desempeño (2013)
21. Mi Líder Favorito (2014)
22. Mucho Éxito en tu Negocio Propio: los cimientos del liderazgo emprendedor (2015)
23. 500 Cápsulas de Liderazgo (2016)
24. Ahí Viene un Tiburón –cómo ser un buen líder ante la adversidad (2017)
25. Liderazgo Mundialista 2018 –lecciones de aciertos y errores de los mejores entrenadores (2018)

www.ingramcontent.com/pod-product-compliance
Lightning Source LLC
Chambersburg PA
CBHW052325220526
45472CB00001B/272